T0198679

essentials

essentials liefern aktuelles Wissen in konzentrierter Form. Die Essenz dessen, worauf es als „State-of-the-Art" in der gegenwärtigen Fachdiskussion oder in der Praxis ankommt. *essentials* informieren schnell, unkompliziert und verständlich

- als Einführung in ein aktuelles Thema aus Ihrem Fachgebiet
- als Einstieg in ein für Sie noch unbekanntes Themenfeld
- als Einblick, um zum Thema mitreden zu können

Die Bücher in elektronischer und gedruckter Form bringen das Expertenwissen von Springer-Fachautoren kompakt zur Darstellung. Sie sind besonders für die Nutzung als eBook auf Tablet-PCs, eBook-Readern und Smartphones geeignet. *essentials:* Wissensbausteine aus den Wirtschafts-, Sozial- und Geisteswissenschaften, aus Technik und Naturwissenschaften sowie aus Medizin, Psychologie und Gesundheitsberufen. Von renommierten Autoren aller Springer-Verlagsmarken.

Weitere Bände in dieser Reihe http://www.springer.com/series/13088

Carsten Feldmann · Andreas Pumpe

3D-Druck – Verfahrensauswahl und Wirtschaftlichkeit

Entscheidungsunterstützung für Unternehmen

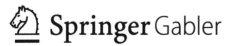

Carsten Feldmann
Münster, Deutschland

Andreas Pumpe
Münster, Deutschland

ISSN 2197-6708   ISSN 2197-6716   (electronic)
essentials
ISBN 978-3-658-15195-9   ISBN 978-3-658-15196-6   (eBook)
DOI 10.1007/978-3-658-15196-6

Die Deutsche Nationalbibliothek verzeichnet diese Publikation in der Deutschen National-
bibliografie; detaillierte bibliografische Daten sind im Internet über http://dnb.d-nb.de abrufbar.

Springer Gabler
© Springer Fachmedien Wiesbaden 2016

Gedruckt auf säurefreiem und chlorfrei gebleichtem Papier

Springer Gabler ist Teil von Springer Nature
Die eingetragene Gesellschaft ist Springer Fachmedien Wiesbaden GmbH
Die Anschrift der Gesellschaft ist: Abraham-Lincoln-Str. 46, 65189 Wiesbaden, Germany

Was Sie in diesem *essential* finden können

- Praxisrelevante Hinweise für die Auswahl geeigneter Teile bzw. Produkte für die Fertigung mit 3D-Druck.
- Handfeste qualitative Kriterien für die Auswahl eines zu Ihren Anforderungen passenden Druckverfahrens.
- Transparenz über Werttreiber, Kosten- und Umsatzwirkungen des 3D-Drucks nicht nur in der Produktion, sondern entlang der gesamten Supply Chain, welche ebenso die Beschaffungs- und Distributionslogistik sowie die Retourenabwicklung umfasst.
- Solide betriebswirtschaftliche Entscheidungsunterstützung für die Frage, ob Ihr Unternehmen in 3D-Druck investieren sollte: Rechnet sich die Ablösung eines konventionellen Fertigungsverfahrens durch einen 3D-Drucker bzw. der Wechsel zu einem 3D-Druckdienstleister über den Produktlebenszyklus?
- Eine erprobte Struktur für eine detaillierte Wirtschaftlichkeitsanalyse bzw. Investitionsrechnung auf Basis des Geschäftswertbeitrags (Economic Value Added, EVA).

Vorwort

Der 3D-Druck hat in den letzten Jahren sowohl in der Unternehmenspraxis als auch in der Wissenschaft einen rasanten Bedeutungszuwachs erfahren. Allerdings darf die hohe Relevanz nicht darüber hinwegtäuschen, dass eine Vielzahl von Unternehmen mit Problemen hinsichtlich der konkreten Investitionsentscheidung konfrontiert ist. Dem daraus abzuleitenden Bedarf nach Hinweisen, welche Faktoren bei der Auswahl des Druckverfahrens und der Wirtschaftlichkeitsanalyse zu berücksichtigen sind, steht in der Literatur bislang eine nur fragmentarische Behandlung gegenüber. Die Entscheidung über eine Investition in diese Technologie erfordert eine ganzheitliche Betrachtung der Supply Chain, um einen Vergleich zu konventionellen Fertigungsverfahren oder externer Beschaffung zu ermöglichen. Vor diesem Hintergrund bietet das vorliegende Buch eine umfassende, theoriegeleitete und empirisch gestützte Konzeption zur Entscheidungsunterstützung für Unternehmen auf Basis des Geschäftswertbeitrags.

Die Zielsetzungen dieses Buches sind ambivalent: Einerseits soll ein pragmatisches Vorgehensmodell Praktiker in Unternehmen bei der Investitionsentscheidung zum 3D-Druck unterstützen, indem schrittweise die Auswahl des Druckverfahrens und die Wirtschaftlichkeitsanalyse strukturiert wird. Andererseits sind die Ergebnisse einer empirischen Studie der FH Münster zum Thema „Wirtschaftlichkeit des 3D-Drucks in globalen Supply Chains" in der Automobil-, Elektronik-, Lebensmittel- und Kunststoffindustrie [13] zu veröffentlichen, um eine Forschungslücke in der Wissenschaft zu schließen. Dabei sind die Autoren der Versuchung erlegen, der Idealvorstellung einer sog. „eierlegenden Wollmilchsau" zu folgen, d. h., eines imaginären Nutztieres, das als Hybridwesen die Vorzüge verschiedener Tierarten in sich vereint: Zum einen waren die Anforderungen der Praktiker an Anwendungsorientierung und Verständlichkeit zu berücksichtigen, zum anderen war eine fundierte Argumentation der Erkenntnisse für Wissenschaftler erforderlich. Beide Zielsetzungen waren sowohl im Hinblick auf qualitativ-technische Aspekte als auch auf betriebswirtschaftliche Fragestellungen zu verfolgen.

Dieses Spannungsfeld birgt einerseits das Risiko, dass dem Praktiker die Ausführungen zu umfangreich und theoretisch erscheinen mögen, dem Wissenschaftler hingegen zu oberflächlich und populärwissenschaftlich formuliert. Andererseits sehen die Autoren in der anwendungsorientierten Forschung, die auf den Transfer in die Industrie zielt, eine große Chance, ein Bindeglied zwischen der Wissenschaft und der Unternehmenspraxis zu schaffen, um so gemeinsam und voneinander zu lernen. Die Autoren danken sowohl den Teilnehmern der Studie als auch den zahlreichen Diskussionspartnern aus Wissenschaft und Praxis für den anregenden Austausch und die erhellenden Einsichten.

Der 3D-Druck entwickelt sich rasant im Hinblick auf neue Verfahren, Materialien und Anwendungsmöglichkeiten weiter, sodass diese Veröffentlichung nur eine Momentaufnahme aktueller Erkenntnisse darstellt. Vor diesem Hintergrund freuen sich die Autoren über Hinweise zur Weiterentwicklung und Aktualisierung der Inhalte in einer weiteren Auflage des Buches.

Münster, Deutschland   Carsten Feldmann
                                                                         Andreas Pumpe

Inhaltsverzeichnis

Einleitung 1

Dynamische Märkte erfordern ein Umdenken in Bezug auf die Fertigungsmethoden. Auf der einen Seite verlangen die Kunden nach innovativen, individuell maßgeschneiderten Produkten von hoher Qualität zu einem wettbewerbsfähigen Preis. Auf der anderen Seite stehen die Unternehmen vor der Herausforderung kürzerer Lebenszyklen, die eine kürzere Amortisationsdauer der Investitionen in Maschinen und Werkzeuge zur Folge haben. 3D-Druck, auch als additive Fertigung bekannt, bietet eine Lösung für dieses Spannungsfeld [1].

3D-Druck wird vielfach als bahnbrechende Technologie bezeichnet und mit sog. disruptiven Technologien wie digitalen Büchern und Musik-Downloads verglichen, mit denen Unternehmen profitabel kleine Marktsegmente mit maßgeschneiderten Produkten bedienen und dabei nur mit einem kleinen oder gar keinem Fertigwarenlager arbeiten. Mit 3D-Druck lassen sich kleine Stückzahlen kundenspezifischer Produkte zu relativ geringen Kosten herstellen, indem ein additiver Fertigungsprozess genutzt wird. Dabei handelt es sich um einen schichtweisen Aufbau dreidimensionaler Werkstücke aus einem oder mehreren flüssigen oder festen Werkstoffen mittels physikalischer oder chemischer Härtungs- oder Schmelzprozesse [2]. Hierfür dienen dreidimensionale digitale Daten als Basis. Das entscheidende Merkmal dieser additiven Fertigung ist der schichtweise Aufbau des Objekts – im Gegensatz zu sog. subtraktiven (abtragenden) Fertigungsverfahren wie z. B. Drehen oder Fräsen.

Trotz der Steigerung der Qualität und eines erheblichen Preisverfalls seit Erfindung des 3D-Drucks setzten Unternehmen im Jahre 2014 diese Technologie vor allem im Bereich der Forschung und Entwicklung für den Prototypenbau (Rapid Prototyping) ein (67 %) [3]. 40 % nutzen 3D-Druck, um Teile für die Verwendung im eigenen Unternehmen wie z. B. Werkzeuge zu fertigen (Rapid Tooling). Demgegenüber stellten nur 14 % der Unternehmen verkaufsfähige Produkte für ihre Kunden mit dieser Technologie her. Als größtes Hindernis für eine

© Springer Fachmedien Wiesbaden 2016
C. Feldmann und A. Pumpe, *3D-Druck – Verfahrensauswahl und Wirtschaftlichkeit,* essentials, DOI 10.1007/978-3-658-15196-6_1

breitere Nutzung des 3D-Drucks in der (Klein-)Serienfertigung wurden die Prozesskosten identifiziert [4]. Somit sind die Kostenwirkungen in den verschiedenen Prozessbereichen der Wertschöpfungskette, die durch die Implementierung
von 3D-Druck entstehen, detailliert zu untersuchen.

Im Rahmen der aktuellen Diskussionen um Industrie 4.0 bzw. die digitale Trans-
formation der Wertschöpfung ist der 3D-Druck einer der technologischen Treiber
bzw. Enabler. Viele Unternehmen mangelt es jedoch an Erfahrungswerten bzw. der
Kompetenz, um die Potenziale des 3D-Drucks hinreichend differenziert beurteilen zu können. Dies umfasst zum einen qualitativ-technische Aspekte, zum anderen
sind betriebswirtschaftliche Aspekte im Rahmen einer Wirtschaftlichkeitsanalyse zu
beleuchten. Zudem erschwert die Vielfalt der am Markt verfügbaren Druckverfahren, Druckrohstoffe und Hersteller eine schnelle Orientierung. Hier setzt dieses Buch
an: Zum einen unterstützt es Unternehmen bei der Entscheidung über die Investition
in 3D-Druck und liefert erste Hinweise für ein mögliches Implementierungsprojekt.
Zum anderen schließt diese Veröffentlichung insbesondere im Bereich der Wirtschaftlichkeitsanalyse eine Forschungslücke, indem es die vielfältigen Veröffentlichungen
zum 3D-Druck um die betriebswirtschaftliche Perspektive des Geschäftswertbeitrags (Economic Value Added, EVA) über den Lebenszyklus eines Produktes erweitert: Diese systematische Investitionsbewertung stellt sicher, dass der Einsatz von
3D-Druck den Geschäftswert des Unternehmens erhöht. Dabei unterstützt das Vorgehensmodell sowohl die Auswahl des Druckverfahrens und als auch die Wirtschaftlichkeitsanalyse. Es ist für zwei Entscheidungsszenarien anwendbar: Für 1) 3D-Druck im
Vergleich zu bestehenden konventionellen Fertigungsverfahren und 2) 3D-Druck im
Vergleich zu externer Beschaffung (Entscheidung über Make-or-Buy).

Konkret verfolgt dieses Buch die folgenden Ziele:

1. Praxisrelevante Hinweise für die **Auswahl geeigneter Teile bzw. Produkte**
   und die **Auswahl eines Druckverfahrens** für den Einsatz von 3D-Druck in
   der Fertigung geben.
2. **Transparenz über Werttreiber, Kosten- und Umsatzwirkungen** des
   3D-Drucks in der **gesamten Wertschöpfungs- bzw. Lieferkette** schaffen.
   Dies umfasst neben den Produktionsprozessen ebenso die Beschaffungs-, Dis-
   tributions- und Retourenprozesse. Dabei werden Ursache-Wirkungs-Zusam-
   menhänge sowohl in der Planung als auch in der Ausführung der Prozesse
   beleuchtet.
3. Solide **betriebswirtschaftliche Entscheidungsunterstützung** für die Frage,
   ob ein Unternehmen in 3D-Druck investieren sollte, bieten: Rechnet sich die
   Ablösung eines konventionellen Fertigungsverfahrens durch einen 3D-Drucker
   bzw. der Wechsel zu einem 3D-Druckdienstleister über den Produktlebenszyklus? Dafür wird eine erprobte Struktur für eine **Wirtschaftlichkeitsanalyse
   bzw. Investitionsrechnung auf Basis des Geschäftswertbeitrags** vorgestellt.

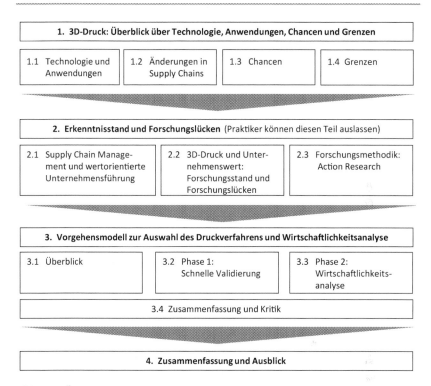

Abb. 1.1 Überblick

Die Inhalte dieses Buches basieren auf einem Forschungsprojekt des Instituts für Prozessmanagement und Logistik (IPL) der Fachhochschule Münster. Die 2015 durchgeführte empirische Studie hat die Wirkungen des 3D-Drucks bei acht deutschen Unternehmen in der Automobil-, Elektrotechnik-, Kunststoff- und Lebensmittelindustrie untersucht. Außerdem sind praktische Erfahrungen aus der Beratung von Unternehmen eingeflossen.

Kapitel eins bietet einen Überblick über die Technologie und ihre Anwendungsmöglichkeiten (vgl. Abb. 1.1). Zudem werden Chancen und Grenzen des 3D-Drucks beleuchtet. Das zweite Kapitel stellt den aktuellen Stand der Forschung dar und leitet Forschungslücken ab. Außerdem wird die Forschungsmethodik erläutert. Als Praktiker können Sie dieses Kapitel ohne wesentlichen Informationsverlust überspringen, da vor allem wissenschaftstheoretische Aspekte behandelt werden. Das dritte Kapitel umfasst ein Vorgehensmodell zur Auswahl eines geeigneten Druckverfahrens. Des Weiteren wird eine detaillierte Struktur für eine Wirtschaftlichkeitsanalyse auf Basis des Geschäftswertbeitrags vorgestellt.

3D-Druck: Überblick über Technologie, Anwendungen, Chancen und Grenzen

2

Pizza, Organe, Häuser oder Zahnersatz: 3D-Drucker können beinahe jeden Gegenstand aus vielfältigen Materialien herstellen. Die Medien berichten täglich über neue Anwendungsbeispiele zu den scheinbar grenzenlosen Möglichkeiten der Technologie, sodass sie bereits als industrielle Revolution gefeiert wird: „3D printing has the potential to revolutionize the way we make almost everything" (Barack Obama). Die Vision: Eine Welt, in der sich jeder Mensch zu Hause druckt, was er benötigt. 3D-Druck verspricht vielfältige Vorteile im Hinblick auf Umsatzsteigerung über individualisierte Produkte und Kostensenkungen in vielen Bereichen der Wertschöpfungskette. Allerdings lernen Hersteller derzeit, dass auch eine revolutionäre Technologie an ihre Grenzen stößt, insbesondere bei der Massenproduktion. Daher sind im Folgenden nicht nur die Chancen des 3D-Drucks, sondern ebenso technologische und wirtschaftliche Grenzen aufzuzeigen.

2.1 Technologie und Anwendungen

3D-Druck als Technologie ist auf die Stereolithografie zurückzuführen und wurde in den frühen 1980er Jahren für **Rapid Prototyping** entwickelt, um Produktparameter in der Produktentwicklungsphase zu analysieren und so die Entwicklungszeit (time-to-market) zu verkürzen [5]. Heutzutage stehen eine Vielzahl von 3D-Druck-Technologien und Materialien zur Verfügung, die ebenso im Bereich des **Rapid Tooling** (Werkzeug- bzw. Vorrichtungsbau) und im **Rapid Manufacturing,** also der Fertigung von Komponenten für ein Endprodukt oder das Endprodukt selbst, eingesetzt werden [6]. Beim 3D-Druck werden dreidimensionale Gegenstände aus einem oder mehreren Materialien schichtweise

© Springer Fachmedien Wiesbaden 2016
C. Feldmann und A. Pumpe, *3D-Druck – Verfahrensauswahl und Wirtschaftlichkeit,* essentials, DOI 10.1007/978-3-658-15196-6_2

mittels physikalischer oder chemischer Schmelz- oder Härtungsverfahren aufgebaut. Entscheidendes Merkmal ist der **schichtweise (additive) Aufbau,** bei dem durch Hinzufügen, Auftragen und Ablagern von Material anhand eines digitalen Modells ein Objekt erstellt wird – im Gegensatz zu subtraktiven Fertigungsverfahren wie z. B. Fräsen oder Bohren, bei denen formgebende Werkzeuge zum mechanischen Abtragen von Material genutzt werden.

Die **Druckverfahren** sind durch eine große Vielfalt gekennzeichnet, sowohl im Hinblick auf das Drucken an sich als auch im Hinblick auf die verwendeten Materialien. Stark vereinfacht lassen sich zwei Verfahrensgruppen unterscheiden. Bei der ersten Verfahrensgruppe „Heißklebepistole" trägt der Druckkopf dünnste Schichten z. B. aus geschmolzenem Kunststoff auf: Mit jeder Schicht wächst das Werkstück in die Höhe. Bei der zweiten Verfahrensgruppe „Sandkasten" ist die Ausgangsbasis ein z. B. mit Metallpulver gefülltes Gefäß. Bei einigen Varianten dieses Verfahrens fährt der Druckkopf ähnlich wie bei einem Tintenstrahldrucker über das Pulverbett und trägt flüssiges Bindemittel auf, sodass das Material an den gewünschten Stellen „verklebt" wird; danach wird die nächste Schicht aufgetragen. Eine andere Variante zum schichtweisen Aufbau eines Objekts ist das punktgenaue Beschießen von Pulver oder Flüssigkeit mit einem Lichtstrahl zum Härten von lichtempfindlichen Polymeren oder mit einem Laser- oder Elektronenstrahl zum Schmelzen z. B. von Metallen. Durch das Aushärten bzw. Schmelzen wird so aus immer wieder neu aufgetragenen Schichten ein

Tab. 2.1 Überblick über Druckverfahren, Prinzipien und Materialien

Gruppe	Basis	Prinzip	Druckverfahren (Beispiele)	Materialien (Beispiele)
Schmelz-schichtung	Geschmolzene Materialien	Schmelzschichtung	Fused Deposition Modeling (FDM) Fused Filament Fabrication (FFF) Fused Layer Modeling (FLM) Layer Plastic Deposition (LPD)	Kunststoffe (z. B. ABS, PLA, Nylon, PET, ASA, POM, PP) und Kunststoffmischungen (z. B. Holz, Stein, Karbon, Kupfer)
Aushärten	Flüssige Materialien	Druckkopf	PolyJet (PJM) Multi-Jet Modeling (MJM) Wachsdruck (3DWP)	Kunstharze, UV-sensitive Flüssigkunststoffe, Wachs
		Stereolithografie mit Laser	Stereolithografie (STL, SLA)	Kunstharze, lichtempfindliche
		Stereolithografie mit Maske	Digital Light Processing (DLP) Film Transfer Imaging (FTI)	Flüssigkunststoffe, Epoxidharze, Elastomere, Acrylate
Aufschmelzen	Pulver	Sintern	Selektives Lasersintern (SLS) Selective Heat Sintering (SHS)	Kunststoffe, Metalle, Legierungen, Keramik
		Schmelzen	Selektives Laserschmelzen (SLM) Elektronenstrahlschmelzen (EBM)	
Verkleben	Pulver, Papier	Schichten Verkleben Cutting	Laminated Object Modeling (LOM) Layer Laminated Manufacturing (LLM) 3DP, PLT	Gips Papier
Sonderformen	Div.	Diverse	Contour Crafting (CC) etc.	Beton, Wachs, Teig, Silikon, Schokolade, Weingummi

dreidimensionales Objekt geformt. Die Basis dafür ist ein dreidimensionales digitales Modell des Objekts. Tab. 2.1 bietet einen differenzierten Überblick über die Fertigungsprinzipien, Druckverfahren und beispielhafte Materialien. Die Vielfalt der Bezeichnungen der teilweise technisch vergleichbaren Verfahren resultiert aus der Vielzahl an Herstellern und Patenten.

Die Anwendungsbereiche sind vielfältig. Sie reichen z. B. von Präsentations- und Funktionsmodellen, künstlerischen Objekten, Ersatzteilen, Gussformen bis hin zur (Klein-)Serienproduktion. Es scheint fast alles druckbar, zumal laufend weitere **Materialien** hinzukommen: Gips, Keramik, verschiedenste Kunststoffe, Glas, Holzverbindungen, Schokolade, Gold, Titan, Lebensmittel etc. Aktuell wird am Druck eines funktionsfähigen Herzens aus organischem Material geforscht.

Tab. 2.2 Schritte zur Erstellung eines 3D-Drucks

Schritt		Aktivitäten
1	**Digitales Design des 3D-Modells**	Erstellen der digitalen 3D-Daten, z. B. mittels CAD-Software (Computer Aided Design) oder Scan
2	**Vorbereitung des Bauprozesses**	
2.1	Konvertierung des 3D-Modells in 3D-Druck-Format	Z. B. Konvertierung in STL-Datei (Standard Triangle Language bzw. Standard Tesselation Language) zur weiteren Aufbereitung für den Druck
2.2	Aufbereitung der konvertierten 3D-Datei	Z. B. Orientierung, Stützstruktur, Slicing, Meshing
2.3	Vorbereitung des Druckers	Z. B. Kalibrieren, Vorheizen, Bestücken mit Druckmaterial
3	**Bauprozess**	
3.1	Physische Herstellung	Schichtweiser Druck des Objekts
3.2	Entnahme des Objekts	Ggf. Zeitbedarf für Auskühlung bzw. -härtung
4	**Ggf. Nachbearbeitung**	
4.1	Entfernung des Stützmaterials	In Abhängigkeit von der Geometrie des Objekts und des 3D-Druck Verfahrens
4.2	Oberflächenbehandlung	In Abhängigkeit von den Qualitätsanforderungen
5	**Nutzung des gedruckten Objekts**	

Um ein tieferes Verständnis für den Einsatz von 3D-Druck als Fertigungsverfahren zu schaffen, beschreibt Tab. 2.2 schematisch die Schritte zur Erstellung
eines gedruckten Objekts.

2.2   Änderungen der Supply Chain

Stellen Sie sich folgendes Szenario vor: Statt Schuhe aus einem vorgefertig-
ten Sortiment zu wählen (oder auf die Lieferung zu warten), designen Sie Ihre
Schuhe selbst oder kaufen im Internet die Design-Rechte. Die neuen Schuhe
drucken Sie einfach zu Hause aus oder lassen sie von einem Druckdienstleister
zusenden. Dies ist keine Vision, sondern bei zahlreichen eCommerce-Anbietern
bereits Realität.

In konventionellen Supply Chains (Wertschöpfungs-, Lieferketten) erbringen
ein oder mehrere Unternehmen arbeitsteilig eine Leistung für einen Endkunden.
Die Wertschöpfung ist durch hohe Investitionen in Maschinen und Infrastruktur
gekennzeichnet, sodass die Produktion hoher Stückzahlen angestrebt wird. Aufgrund der Vielzahl der beteiligten Partner und der Erstellung von Werkzeugen und
Formen dauert es lange von der ersten Produktidee bis zum ersten Verkauf. Trans-
port- und Lagerkosten bestimmen wesentlich die Höhe der Gesamtkosten in der
Supply Chain.

Bei einer Supply Chain mit 3D-Druck sind **radikale Strukturänderungen
bzw. Verkürzungen** denkbar, indem komplette Wertschöpfungsstufen umgangen
werden (sog. **Disintermediation**). Im Extremfall des Drucks beim Endverbrau-
cher entfallen Teile-Lieferanten, Produktionsstufen, Transportdienstleister und
lokaler Handel: Statt physischen Produkten bestimmen Transaktionen digitaler
Daten und Druck-Rohstoffe die Supply Chain. Die Eigenproduktion mit hoher
Fertigungstiefe findet nah am Ver- bzw. Gebrauchsort statt, sodass Transportkosten und -zeiten sinken. Durch die Flexibilität des 3D-Druckers sind Investitionen
in Spezialmaschinen und Werkzeuge niedriger.

2.3   Chancen

In der Produktentwicklung ist 3D-Druck seit Jahrzehnten im Einsatz, da der
Druck von Prototypen (Rapid Prototyping) die Zeit von der Produktidee bis zur
Markteinführung (time-to-market) signifikant verkürzt [7]. Im Hinblick auf die
Attraktivität und die Einsatzgebiete für die Serienproduktion scheinen sich vor

allem die Luftfahrtindustrie [8], die Automobilindustrie und die Elektronikindustrie für den Einsatz des 3D-Drucks zu eignen [9]. Diese Branchen profitieren besonders von der **Gewichtsersparnis,** wenn Teile in Wabenstruktur mit Hohlräumen gedruckt werden (im Gegensatz zu massiven Objekten bei Spritzgussoder subtraktiven Fertigungsverfahren). Dies führt zu signifikanten Senkungen des Treibstoffverbrauchs im operativen Betrieb der Endprodukte wie z. B. Flugzeuge und Autos.

3D-Druck ermöglicht individuell nach Kundenwunsch „**maßgeschneiderte**" **Produkte,** mit denen auch kleinste Marktsegmente profitabel bedient werden können, ohne dabei auf eine Vielzahl von produktspezifischen Fertigungsanlagen und Werkzeugen angewiesen zu sein – es gibt nur ein digitales Modell, das jederzeit verändert werden kann. Dies schafft in vielen Branchen wie z. B. der Medizintechnik mit personalisierten Implantaten große Umsatzpotenziale im Rahmen des sog. **Mass Customizing,** d. h. der kundenindividuellen Fertigung, im Extremfall mit der Stückzahl bzw. Losgröße 1 wie z. B. bei einer individuellen Anpassung eines Hörgeräts an das Ohr des Patienten. Durch die geringere Investition in produktspezifische Maschinen und Werkzeuge sinkt auch das betriebswirtschaftliche Risiko bei der Einführung neuer Produkte [10].

Eine Stärke des 3D-Drucks sind die **Freiheitsgrade beim Produktdesign:** Fast alle Formen sind realisierbar – selbst komplexe Geometrien, die mit konventionellen Fertigungsverfahren schwer oder gar nicht herstellbar sind [5]. Es besteht keine direkte Beziehung zwischen der Produktkomplexität und den Herstellungskosten, da die Komplexität des Designs nicht die Komplexität der Werkzeuge oder Fertigungsschritte bestimmt [10]. Dabei ist die Kombination verschiedener Materialien möglich. Selbst frei bewegliche Teile (z. B. Kugelgelenke) können in einer einzigen monolithischen Struktur gedruckt werden, die nicht zusammengesetzt werden muss [2]. Die geringere Anzahl an Teilen **(Funktionsintegration)** und Fertigungsschritten senkt insbesondere über die Lohn- bzw. Montagekosten die Herstellkosten [1]. Die Integration einer (vorher zu montierenden) Baugruppe in einem einzigen Teil kann ebenso die Anzahl der Wertschöpfungsstufen der Supply Chain reduzieren, sodass z. B. die Koordinationskosten mit einem Teile-Lieferanten entfallen [1]. Durch die Verringerung der Lohn- und Koordinationskosten kann ein sog. **Reshoring,** d. h. die Rückverlagerung der Produktion aus sog. Billiglohnländern in die Absatzregion, wirtschaftlich werden.

3D-Druck bietet wesentliche Vorteile im Vergleich zu Spritzguss- oder subtraktiven Fertigungsverfahren im Hinblick auf **Rüstkosten** und **Kosten für Werkzeuge, Vorrichtungen und Formen** [10]. Ohne Werkzeugwechsel beim

Wechsel der Fertigung von einem Produkt A auf ein Produkt B werden die Rüstkosten stark reduziert oder entfallen im Extremfall. Damit stellen Rüstkosten
ebenso keinen Treiber für große Lose bzw. Kampagnenfertigung dar, mit denen
bei konventionellen Fertigungsverfahren Stückkosten durch Mengendegressionseffekte gesenkt werden [2]. Kleine Stückzahlen kundenindividueller Produkte
werden wirtschaftlich. Hohe Bestände an Endprodukten durch rüstkostengetrie-
bene große Lose, denen keine konkrete Nachfrage gegenübersteht, gehören der
Vergangenheit an – zumindest, wenn die Druckgeschwindigkeit bzw. die Ausbringungsmenge je Zeiteinheit mit der Absatzgeschwindigkeit synchronisiert ist. Statt
physischer Bestände an Endprodukten „lagern" Firmen nur digitale 3D-Daten.

Wenn Produkte bzw. Teile erst bei konkreter Nachfrage gedruckt werden, entfallen **Lagerkosten** und Verschrottungsrisiken unverkaufter Bestände [2]. Somit
bietet 3D-Druck insbesondere Kostensenkungspotenziale bei einem Produktportfolio, das sich durch eine große Vielfalt an Varianten mit geringer Stückzahl
(„high mix, low volume") auszeichnet oder stark schwankende bzw. sporadi-
sche Nachfrageverläufe in Kombination mit hoher Prognoseungenauigkeit auf-
weist. Dies trifft z. B. auf das **Ersatzteil- und Projektgeschäft** zu. Ebenso
sinken **Transportkosten,** wenn die Güter erst bei konkretem Bedarf am Ver- oder
Gebrauchsort lokal gedruckt werden.

Im Vergleich zu subtraktiven Fertigungsverfahren, in denen Werkstücke durch
abtragende Bearbeitung wie Fräsen und Bohren in die gewünschte Form gebracht
werden, fällt weniger Abfallmaterial an [2]. Petrovic et al. berichten von einer
Abfallreduzierung von 40 % bei Metallanwendungen im Vergleich zu subtraktiven Fertigungsverfahren [11]. Zudem kann ein Großteil des Abfallmaterials beim
3D-Druck für die Fertigung wiederverwendet werden.

Auch in indirekten Bereichen wie z. B. der Beschaffung bestehen Kostensenkungspotenziale. Anstatt eine Vielzahl an Komponenten von zahlreichen Lieferanten zu bestellen, wird nur noch einmal eine große Menge an z. B. Pulver von
einem Lieferanten bestellt. Dadurch sinken die **Prozesskosten im administrativen Bereich.**

Trotz eines rasanten Anstiegs der Qualität der Druck-Erzeugnisse und eines
rapiden Preisverfalls setzen Hersteller 3D-Druck primär bei der Produktentwicklung ein. Ob und wann 3D-Druck in der Massenfertigung eine Rolle spielen und
damit die viel beschworene industrielle Revolution auslösen wird, hängt von der
Entwicklung im Hinblick auf die aktuellen Grenzen der Technologie ab.

2.4   Aktuelle Grenzen

Vor allem die zu geringe Geschwindigkeit des Drucks und qualitative Heraus-
forderungen limitieren die Verbreitung für die Massenproduktion [12]. Die
Geschwindigkeit bestimmt sich vor allem durch den Zeitbedarf fürs Aushärten
der einzelnen Schichten bis zum Aufbringen der nächsten Schicht. Je detaillierter
das Objekt, desto mehr Durchgänge, desto länger die Produktionszeit. Um eine
hohe Stückzahl in kurzer Zeit herzustellen, sind traditionelle Verfahren vielfach
schneller und kostengünstiger. Eine weitere Herausforderung ist die **Nachbearbeitung.** So ist bei Objekten, bei denen die erste Schicht als Überhang in der
Luft „schwebt", Stützmaterial erforderlich. Dieses ist nachher zeitaufwendig zu
entfernen. Weiterer Zeitbedarf ergibt sich ggf. für Oberflächenbehandlung und
Reinigung. Zudem wird die Kompliziertheit der Technik vielfach unterschätzt:
Umsetzbare digitale Modelle erfordern neben CAD-Kenntnissen viel Erfahrung,
um Ausschuss zu vermeiden.

In der branchenübergreifenden Studie der FH Münster [13] betonten Unternehmen folgende **Qualitätsprobleme:** Größe der Teile (Dimensionen des Bauraums), Maßhaltigkeit (Einhalten von Toleranzen bzw. exakte Reproduzierbarkeit
der Objekte bei großer Stückzahl), mechanische Eigenschaften, Temperaturbeständigkeit sowie Verbundwirkungen mit anderen Komponenten (z. B. Lacke,
Kleber). Mitunter bilden sich unerwünschte Hohlräume, auch ist die Oberfläche
teilweise zu rau. Fehlende Standards für Materialeigenschaften und Objektquali-
tät werfen Fragen im Hinblick auf Zuverlässigkeit der Erzeugnisse und Produkthaftung auf. Die Qualität der Druckrohstoffe ist ein weiterer limitierender Aspekt.
Beispielsweise sind viele UV-sensitive Harze und Granulate giftig, sodass sie
nicht für alle Produkte einsetzbar sind. Zudem unterscheidet sich der Grad der
Wiederverwendbarkeit für die Produktion stark je nach Material. Die weitere
Ausprägung internationaler Standards würde die Verfügbarkeit sicherer und
zuverlässiger Materialien, aber auch Technologien und Prozesse, fördern.

Viele der bestehenden **CAD-Programme** (Computer Aided Design; Software
für die digitale Konstruktion) sind vor allem auf Produkte für konventionelle
Fertigungsverfahren wie z. B. Spritzguss ausgelegt, insbesondere auf kreisför-
mige Objekte und gerade Linien. Somit können die geometrischen Freiheitsgrade des 3D-Drucks in Bezug auf das Produktdesign nur bedingt ausgenutzt
werden. Zudem zeichnen sich viele CAD-Programme nicht durch Benutzer-
freundlichkeit aus. Beide Aspekte schränken die Nutzung der Potenziale des
3D-Drucks beim Design stark ein, insbesondere hinsichtlich einer „Demokratisie-
rung" der Produktentwicklung. Komplexe 3D-Modelle erfordern außerdem viel
Speicherkapazität.

Den einen Drucker als „eierlegende Wollmilchsau" für alle Produkte gibt es nicht: Ein Drucker, der Plastik schmilzt und in dünnen Schichten aufträgt, kann keine Metalle verarbeiten. Schmelzpunkt und Abkühleigenschaften sind nur zwei Eigenschaften, die sich je Material unterscheiden. Den Drucker für Metalle im Privathaushalt wird es aufgrund hoher Schmelztemperaturen und Sicherheitsaspekten so schnell nicht geben. Kunststoffdrucker sind jedoch bereits für wenig Geld für den Hausgebrauch erhältlich.

Viele Fragen zur **ökologischen Nachhaltigkeit** sind unbeantwortet. Einerseits bietet 3D-Druck viele Chancen wie die Senkung des Materialverbrauchs oder die Reduzierung der CO_2-Emissionen durch verbrauchernahe Produktion und die Herstellung leichterer Komponenten für die Automobil- und Luftfahrtindustrie. Andererseits birgt die Technologie ökologische Risiken: Kompensiert höheres Transportaufkommen vieler kleiner Transporte zu dezentralen „Druck-Orten" die o. g. CO_2-Einsparungen? Welche Gesundheitsrisiken entstehen z. B. durch Kleinstpartikel-Emission? Führt die Verwendung „minderwertiger" Materialien zu einer kürzeren Lebensdauer der Produkte, sodass eine Wegwerf-Kultur gefördert wird (sog. Rebound-Effekt)? Wie können miteinander verschmolzene Materialien sortenrein recycelt oder entsorgt werden? Wie hoch ist der Energiebedarf je Stück, wenn Mengendegressionseffekte konventioneller Fertigungsverfahren wie z. B. bei Spritzgussverfahren entfallen? Hinsichtlich dieser Fragen besteht erheblicher Forschungs- und Steuerungsbedarf.

Erkenntnisstand und Forschungslücken

3

Die Investition in 3D-Druck sollte den Geschäftswert eines Unternehmens steigern. Somit wird im Folgenden die Eignung bestehender Methoden zur wertorientierten Unternehmenssteuerung und insbesondere deren Anwendung im Supply Chain Management, d. h. der Planung und Steuerung von (unternehmensübergreifenden) Wertschöpfungs- bzw. Lieferketten, untersucht. Der aktuelle Stand der Forschung zu betriebswirtschaftlichen Aspekten des 3D-Drucks wird über eine umfangreiche Literaturrecherche erhoben, um die zu schließende Forschungslücke abzuleiten. Zudem wird die Forschungsmethodik der empirischen Studie erörtert. Als Praktiker können Sie dieses Kapitel ohne wesentlichen Informationsverlust überspringen, da vor allem wissenschaftstheoretische Aspekte behandelt werden.

3.1 Supply Chain Management und wertorientierte Unternehmensführung

Die Investition in 3D-Druck ist nicht nur vor dem Hintergrund der Nutzen- und Kostenwirkungen in der Produktion zu beleuchten, sondern ebenso auf die Effekte in der gesamten Supply Chain, z. B. in Beschaffungs- und Distributionslogistik, zu untersuchen. In der Literatur finden sich zahlreiche Definitionen des Supply Chain Managements (SCM), bei denen verschiedene Zielsetzungen verfolgt werden [14, 15]. SCM ist ein langfristiges Konzept zur Planung und Steuerung überbetrieblicher logistischer Prozesse in Wertschöpfungs- bzw. Lieferketten, indem Material-, Finanz- und Informationsflüsse zwischen Lieferanten und Kunden über Prozesse koordiniert werden. Innerhalb jeder Organisation umfasst die interne Lieferkette alle Funktionen, um eine Kundenanforderung zu

© Springer Fachmedien Wiesbaden 2016   13
C. Feldmann und A. Pumpe, *3D-Druck – Verfahrensauswahl und Wirtschaftlichkeit*, essentials, DOI 10.1007/978-3-658-15196-6_3

erfüllen [16]. Mittels SCM streben Unternehmen danach, Wettbewerbsvorteile durch effizientere Logistikprozesse, einen besseren Kundenservice sowie Kostenreduzierung zu erlangen [17]. Dabei ist das Ziel eine Wertsteigerung, d. h. eine Maximierung der Differenz zwischen dem Wert des Endprodukts für den Kunden und den Kosten der Aktivitäten in der Supply Chain zur Erfüllung dieses Kundenauftrages [16]. Die Zielbereiche des SCM sind Qualität (Befriedigung der qualitativen Kundenanforderungen), Lieferzuverlässigkeit (Pünktlichkeit, Liefertreue), Lieferzeit (Durchlaufzeiten, Verfügbarkeit), Flexibilität (Umgang mit Änderungen und Unsicherheiten) und Kosten (Logistik, Infrastruktur, Bestände) [18]. Somit muss eine Wirtschaftlichkeitsanalyse zur Entscheidungsunterstützung für eine Investition in 3D-Druck alle oben angesprochenen Zielbereiche umfassen, um die Auswirkungen der Investitionsentscheidung auf den Unternehmenswert zu reflektieren.

Die Supply Chain wird nicht mehr als Kostentreiber angesehen, sondern als Werttreiber für die Kundenzufriedenheit und den Unternehmenserfolg [16, 17]. Im Rahmen des Konzepts der wertorientierten Unternehmensführung (Value Based Management, VBM) sind alle Aktivitäten eines Unternehmens auf dessen Wertmaximierung auszurichten [19, 20]. Verschiedene Konzepte messen den Unternehmenswert, wie z. B. Shareholder Value Added (SVA) [21] oder Geschäftswertbeitrag (Economic Value Added, EVA) [22, 23]. In der Literatur finden sich zahlreiche Modelle, die u. a. Werttreiber und Ursache-Wirkungsbeziehungen für das Umsatzwachstum, die Betriebskosten und die Effizienz der Vermögenswerte aufgreifen, z. B. das Niveau des Kundenservices, Transport- und Lagerung [8, 17, 24, 25]. Allerdings gibt es nur wenige Konzepte für die Anwendung der wertorientierten Unternehmensführung im SCM [16, 25], geschweige denn ein umfassendes Modell für die Verknüpfung der Investition in 3D-Druck mit den Werttreibern in der Supply Chain.

3.2   Auswirkungen des 3D-Drucks auf den Unternehmenswert: Stand der Forschung und Ableitung der Forschungslücke

Der 3D-Druck ist ein Forschungsbereich, der zunehmend Aufmerksamkeit in der Literatur erfährt. Transparenz über die Werttreiber des 3D-Drucks in der gesamten Supply Chain hilft, sowohl den Nutzen als auch die Kosten des 3D-Drucks mit den Kosten konventioneller Fertigungsverfahren oder externer Beschaffung umfassend in einer Wirtschaftlichkeitsanalyse (Business Case) zu vergleichen.

Für die Literaturanalyse wurden ausschließlich Publikationen wissenschaftlicher Journals berücksichtigt, um einen wissenschaftlichen Standard zu gewährleisten. Die Analyse folgte dem phasenweisen Ansatz nach vom Brocke [26]. Tab. 3.1 gibt einen Überblick über die wichtigsten Publikationen, gegliedert nach Prozessbereichen. Die Prozessbereiche sind in Anlehnung an das Supply Chain Operations Reference Model (SCOR) in Beschaffung, Produktion, Distribution und Retouren (source, make, deliver, return, vgl. [27]) aufgeteilt.

Tab. 3.1 Quellen der Literaturanalyse

Autor(en)	Jahr	Prozessbereiche				Aktiva	Umsatz
		Beschaffung	Produktion	Distribution	Retouren		
Bak [28]	2003		X				X
Berman [2]	2012		X				X
Beyer [29]	2014	X					
Birtchnell et al. [30]	2013			X	X		
Christopher; Ryals [31]	2014						
Cooke [32]	2014		X				X
Cozmei; Caloian [33]	2012			X			X
D'Aveni [34]	2015		X	X			
Eyers; Potter [35]	2015		X	X			X
Frazier [36]	2014						
Gao et al. [37]	2015			X			X
Gebler et al. [38]	2014		X				
Giurco et al. [39]	2014		X				X
Holmström et al. [40]	2010		X	X			X
Holmström; Partanen [41]	2014						
Huang et al. [42]	2013		X	X			X

(Fortsetzung)

Tab. 3.1 (Fortsetzung)

Autor(en)	Jahr	Prozessbereiche				Aktiva	Umsatz
		Beschaffung	Produktion	Distribution	Retouren		
Khajavi et al. [43]	2014		X	X		X	X
Kianian et al. [44]	2015	X	X				
Kietzmann et al. [45]	2015			X			
Lindemann et al. [1]	2012		X			X	
Liu et al. [46]	2013			X		X	
Nyman; Sarlin [47]	2014	X	X			X	
Petrick; Simpson [48]	2013			X			
Rasmus et al. [49]	2014		X	X			
Reeves [50]	2008	X		X		X	
Reeves [51]	2008		X			X	
Ruffo et al. [52]	2007						
Tavassoli et al. [53]	2013			X			
Tempelman et al. [54]	2014	X					
Thymianidis et al. [55]	2012	X	X	X		X	
Tuck et al. [56]	2007		X	X		X	
Tuck; Hague [57]	2006		X	X		X	
Waller; Fawcett [58]	2014	X	X	X			
Walter et al. [59]	2004	X		X		X	
White; Lynskey [60]	2013	X	X	X		X	X

Die Veröffentlichungen (vgl. Tab. 3.1) zeichnen sich im Hinblick auf die ange-
wandten Analysemethoden, die empirische Datenbasis sowie die Darstellung der
Ergebnisse durch eine große Heterogenität aus, sodass die Ergebnisse zumeist nur
bedingt vergleichbar sind [61]. In vielen Fällen werden nur einzelne Prozesse der
Supply Chain (z. B. Produktion) isoliert untersucht oder die Aussagen auf eine
bestimmte Branche beschränkt. Teilweise werden die Ergebnisse in Form von
einzelnen (unternehmens- oder produktspezifischen) Fallstudien dokumentiert,
die aufgrund ihres begrenzten Stichprobenumfangs keine zulässige Induktion auf
die Gesamtheit der Unternehmen erlauben.

Vielfach wird der Einsatz des 3D-Drucks an sich als geeignetes Mittel identifiziert, um den Umsatz zu steigern und die Kosten zu senken – ohne jedoch die
relevanten Merkmale der Technologie und die betriebswirtschaftlichen Ursache-
Wirkungszusammenhänge hinreichend zu beleuchten. Handlungsempfehlungen
werden nur durch Plausibilitätsüberlegungen begründet und keine validen Aussagen über die Stärke des Einflusses der Werttreiber getroffen. In der Literatur
finden sich keine umfassenden und kohärenten Aussagen über die Wirkungsrich-
tung und die Stärke der Werttreiber hinsichtlich Umsatz und Kosten. Dies liegt
darin begründet, dass in vielen Fällen die zugrunde liegenden Parameter nur
begrenzt erläutert werden oder dass die Analyse auf einen einzigen Prozessbereich oder einzelne Kostenarten beschränkt ist. Zudem werden die Konstrukte
und ihre Indikatoren oft nicht hinreichend validiert. Dieses sind jedoch wesentliche Voraussetzungen, um Ursache-Wirkungszusammenhänge wissenschaftlich
exakt bestimmen zu können. Studien mit einer wissenschaftstheoretischen, sys-
tematischen Herleitung der Hypothesen und einer fundiert durchgeführten und
dokumentierten empirischen Überprüfung sind die Ausnahme. Diese Defizite
unterstützen die Wahl der nachfolgend vorgestellten Forschungsmethodik der
Studie durch die FH Münster.

Zusammengefasst bestehen folgende Forschungslücken, die im Rahmen dieses
Buches geschlossen werden:

- Die bestehenden Konzepte des wertorientierten SCM sind nicht hinreichend
  detailliert, um zu ermitteln, wie logistische Maßnahmen (z. B. die Investition
  in 3D-Druck) und Zielwirkungen miteinander verbunden sind [17].
- Informationen über wichtige Werttreiber des 3D-Drucks in der Supply Chain
  sind nicht hinreichend validiert. Entsprechend ist die Frage zu beantworten,

wie der Geschäftswertbeitrag einer Investition in 3D-Druck zu identifizieren und zu bewerten ist.

Um die o. g. Lücken zu schließen, ist eine umfassende Systematik für eine Wirtschaftlichkeitsanalyse zu entwickeln, um auf Basis der Werttreiber in der Supply Chain die Investitionsentscheidung unter dem Kriterium des Geschäftswertbeitrags effektiv und effizient zu unterstützen. Dabei sind sowohl alle Prozessbereiche der Supply Chain als auch alle Perioden des Produktlebenszyklus einzubeziehen.

Ein tief gehendes Verständnis der Ursache-Wirkungsbeziehungen zwischen den Werttreibern und den unternehmerischen Zielen hilft nicht nur, die Investition in 3D-Druck mit alternativen Szenarien wie konventionelle Fertigungsverfahren oder externe Beschaffung zu vergleichen. Es identifiziert zudem Handlungsfelder für zukünftige Kostensenkungsaktivitäten.

In den vorangegangenen Kapiteln wurden zunächst die Technologie und ihre wichtigsten wirtschaftlichen Auswirkungen vorgestellt. Des Weiteren wurden die Ansätze der wertorientierten Unternehmensführung und deren Übernahme in das Supply Chain Management untersucht und der aktuelle Stand der Forschung auf Basis einer umfangreichen Literaturrecherche analysiert, aus der sich schließlich das Forschungsziel ableitete. Im folgenden Kapitel wird die Forschungsmethodik Action Research dargestellt, um die wissenschaftliche Genauigkeit der Erkenntnisse zu gewährleisten. Daran anschließend stellt Kap. 4 das Vorgehensmodell für die Entscheidungsunterstützung bei Investitionen in 3D-Druck vor.

3.3   Forschungsmethodik

Für die empirische Studie mit acht deutschen Unternehmen diente der Ansatz des Action Research als Forschungsmethodik. Action Research verfolgt das Ziel, ein aktuelles praktisches Problem zu lösen und gleichzeitig neue Erkenntnisse zu gewinnen. Typischerweise ist dies ein iterativer Forschungsprozess, bei dem die existierende Theorie für die Lösung eines praktischen Problems angewendet wird [62]. Auf Basis der Erfahrungen bei der praktischen Anwendung wird das Wissen erweitert und ggf. die bestehende Theorie modifiziert. Der Ansatz des Action Research nach Lewin [63] umfasst vier Schritte, die so lange wiederholt werden, bis das Problem gelöst ist: 1) Planen, 2) Handeln, 3) Evaluieren und 4) Reflektieren sowie ggf. erneutes Planen.

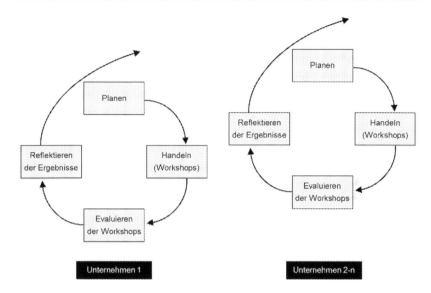

Abb. 3.1 Vorgehensmodell des Action Research

    Zunächst wurde ein theoretisches Modell durch die Autoren entwickelt. Für die Studie wurden im Jahre 2015 acht deutsche Unternehmen aus vier Branchen kontaktiert, um das Modell zu validieren und zu verfeinern. Dabei handelte es sich um jeweils zwei Unternehmen aus der Automobil-, Elektronik-, Kunststoff- und Lebensmittelindustrie, um eine branchenübergreifende Generalisierbarkeit der Ergebnisse zu erzielen. Die zweite Phase (Handeln) wurde mit einem Workshop im ersten Unternehmen initiiert. Nach der Vorstellung des theoretischen Modells wurde dies gemeinsam geprüft und Anregungen der Mitarbeiter aus verschiedenen Abteilungen wurden aufgenommen. Diese Ergebnisse der funktionsübergreifenden Workshops dienten als Basis für die dritte Phase, in der das Modell erweitert und verfeinert wurde. Nach dem ersten Durchlauf des Forschungszyklus beim ersten Unternehmen wurde derselbe Ansatz für die anderen Unternehmen analog angewendet und so das Modell iterativ weiter entwickelt (vgl. Abb. 3.1).

Vorgehensmodell für Entscheidung & Implementierung

4

Abschn. 4.1 bietet einen Überblick über das Vorgehensmodell. Abschn. 4.2 stellt die Phase 1 des Vorgehens in Form einer schnellen, aufwandsarmen Validierung vor. Abschn. 4.3 beschreibt die Wirtschaftlichkeitsanalyse als Phase 2.

4.1 Überblick

Dieses Kapitel beschreibt ein Vorgehensmodell, das sowohl die Entscheidungsfindung hinsichtlich der Investition als auch die Implementierung des 3D-Drucks unterstützt. Dafür wird ein wissenschaftliches Modell als theoretische Fundierung des Vorgehens in der Praxis vorgestellt. Das Vorgehensmodell für die Entscheidungsunterstützung zur Investition in 3D-Druck besteht aus zwei Phasen, um die Effizienz bei der Anwendung zu gewährleisten (vgl. Abb. 4.1). Phase 1 – „Schnelle Validierung" – analysiert, ob die Markt- bzw. Kundenanforderungen (z. B. Qualität, Lieferzeit) in einem 3D-Druck-Szenario erfüllt werden können. Wenn diese grundlegenden Anforderungen nicht erfüllt werden, ist der Prozess abzubrechen, um so unnötigen Aufwand für weitere Analysen zu vermeiden. Phase 2 – „Dynamischer Geschäftswertbeitrag" – umfasst die detaillierte Analyse der Werttreiber und die daraus resultierenden Auswirkungen auf den Unternehmenswert durch 3D-Druck.

Die Struktur des Modells basiert auf dem Ansatz von Schnetzler et al. [17] zur hierarchischen Trennung von Zielen und Mitteln bei der Entwicklung einer Supply-Chain-Strategie. Dieser Ansatz identifiziert und zerlegt systematisch Werttreiber und verknüpft sie unter Verwendung von Treiberbäumen mit Kosten- bzw. Umsatzelementen. Dadurch werden Ursache-Wirkungszusammenhänge transparent. Die Zerlegung (Dekomposition) erfolgt systematisch von einer hohen

© Springer Fachmedien Wiesbaden 2016
C. Feldmann und A. Pumpe, *3D-Druck – Verfahrensauswahl und Wirtschaftlichkeit*, essentials, DOI 10.1007/978-3-658-15196-6_4

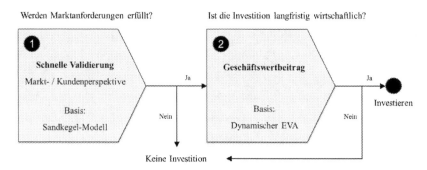

Abb. 4.1 Phasenweiser Entscheidungsprozess

(z. B. Geschäftswertbeitrag) zu niedrigeren Ebenen (z. B. Qualitätskosten in der Beschaffung), sodass die Treiber und die daraus resultierenden Elemente Schritt für Schritt operationalisiert und dadurch „greifbar" werden.

Um die Anwendbarkeit des Modells in der Praxis zu gewährleisten, werden die beiden Phasen des wissenschaftlichen Modells in Tab. 4.1 in pragmatische Schritte zur Implementierung überführt, die in Beratungsprojekten mit Unternehmen erprobt wurden. Dabei ist das schrittweise Vorgehen nicht streng linear zu interpretieren. Vielmehr können sich in der Praxis iterative Schleifen ergeben. Dies resultiert vor allem aus den (tlw. wechselseitigen) Abhängigkeiten zwischen der Auswahl der zu druckenden Objekte, dem Druckverfahrens und der Druckrohstoffe. Beispielsweise bestimmen die qualitativ-technischen Anforderungen der zu druckenden Objekte die infrage kommenden Druckverfahren. Die Festlegung auf ein Druckverfahren wiederum grenzt die am Markt verfügbare Auswahl an Druckrohstoffen ein. Aus der Kombination aus Druckverfahren und -rohstoff resultiert, ob die qualitativ-technischen Anforderungen an das zu druckende Objekt erfüllt werden.

Bei der Wahl einer geeigneten Nachschubstrategie ist nicht nur zwischen einem konventionellen Fertigungsverfahren und einem 3D-Druckverfahren zu unterscheiden. Beim Vergleich konkurrierender Szenarien ist einerseits die Anschaffung eines eigenen Druckers („Make", Eigenfertigung) und andererseits die alternative Nutzung von 3D-Druckdienstleistern als Lieferanten („Buy", externe Beschaffung) zu unterscheiden (vgl. Tab. 4.2).

Die dargestellten Nachschubstrategien sind nicht als einander ausschließend zu verstehen. Ggf. kann sich eine kombinierte Nachschubstrategie im Hinblick auf Kosten- und Risikokriterien als optimal erweisen. Im Falle der Eigenfertigung

Tab. 4.1 Phasen und Schritte des Vorgehensmodells zur Entscheidung und Implementierung

Phase	Theoretisches Modell zur Entscheidungs-unterstützung	Schritt	Vorgehen in der Praxis: Etappenplan	Aktivitäten (Beispiele)
1	**Schnelle Validierung auf Basis des Sandkegel-Modells:** **Werden die Markt- bzw. Kundenanforderungen erfüllt?** 1. Qualität 2. Lieferzuverlässigkeit 3. Geschwindigkeit, Flexibilität 4. (Grobe) Kostenschätzung, z. B. Anschaffungskosten, Stückkosten der Produktion	1	Technologie Know-how etablieren	• Besuch von Messen, Schulungen und Demonstrationen bei Dienstleistern bzw. Herstellern
		2	Unternehmensspezifische Kriterien für Teile-, Verfahrens- und Druckmaterial-Auswahl definieren	• Verfahrensauswahl-Matrix (VAM) als Eingrenzung des Suchraums. • Identifikation & Priorisierung unternehmensspezifischer Kriterien, z. B. Größe Bauraum, mechanische Eigenschaften
		3	Teile, Verfahren und Druckmaterial auswählen	• Repräsentative Auswahl von Varianten bzw. technischen Anforderungsprofilen • Risiko-Analyse zu Qualität und Supply Chain • (Grobe) Kostenschätzung, z. B. Anschaffungskosten, Stückkosten der Produktion
		4	Test-Charge als Pilot drucken	• Datenaufnahme realer Kosten und Zeiten als Basis für die Wirtschaftlichkeitsanalyse
		5	Teile testen und freigeben	• Prüfung technischer Qualitätsmerkmale (Funktions- und Materialtest). Bei Komponenten bzw. Modulen ebenso Fit zum Gesamtsystem (Integrationstest).
		6	Kosten (grob) schätzen	• Elemente der Schätzung z. B. Anschaffungskosten des Druckers, Stückkosten der Produktion
2	**Differenzierte Wirtschaftlichkeitsanalyse auf Basis des Geschäftswertbeitrags: Ist die Investition langfristig wirtschaftlich?**	7	Differenzierte Wirtschaftlichkeitsanalyse auf Basis des Geschäftswertbeitrags	• Ist die Investition über den Lebenszyklus betriebswirtschaftlich sinnvoll? • Dynamische Berechnung auf Basis des Economic Value Added (EVA)

Nutzung 3D-Druck

Tab. 4.2 Nachschubstrategien je Bezugsquelle und Fertigungsverfahren

Nachschub-Strategien	Bezugsquelle	
	Intern (Make)	**Extern (Buy)**
Fertigungsverfahren konventionell	Eigenfertigung mit konventionellem Fertigungsverfahren	Beschaffung bei externen Lieferanten mit konventionellem Fertigungsverfahren
3D-Druck	Eigenfertigung mit 3D-Druck	Beschaffung bei externen Lieferanten mit 3D-Druck

mittels 3D-Druck muss ein konventionelles Fertigungsverfahren nicht komplett substituiert werden: Teile mit hohen Stückzahlen und relativ stabiler Nachfrage („Renner") können weiterhin konventionell z. B. mittels Spritzgussverfahren produziert werden. Teile mit kleinen Stückzahlen je Variante und diskontinuierlicher Nachfrage („Exoten") oder kundenindividuelle Produkte hingegen werden mittels 3D-Druck gefertigt.

Alternativ kann sich eine „Make-and-Buy"-Strategie als günstig erweisen, d. h. die gleichen Objekte werden sowohl intern in Eigenfertigung hergestellt als auch extern von Lieferanten beschafft. Dabei sind eigene Kapazitäten nicht für alle denkbaren Produktvarianten und Nachfragespitzen vorzuhalten, da die Kapazität des Lieferanten bei Bedarf in Anspruch genommen wird. Dies ermöglicht es Unternehmen, schnell und flexibel auf unerwartete Nachfrageschwankungen und kundenindividuelle Anforderungen zu reagieren, ohne die entsprechenden Fixkosten bzw. das Auslastungsrisiko tragen zu müssen.

Abschn. 4.2 erläutert zunächst die schnelle Validierung (Phase 1). Darauf aufbauend beschreibt Abschn. 4.3 die Ermittlung des Geschäftswertbeitrags (Phase 2).

4.2   Phase 1: Schnelle Validierung

Die Phase 1 beleuchtet im Rahmen einer ersten Prüfung die Markt- bzw. Kundenanforderungen auf Basis des „Sandkegel"-Modells (vgl. Abb. 4.2), welches von Ferdows und De Meyer [64] für die Produktion entwickelt wurde in Anlehnung an [17]. Der Aufbau von Fähigkeiten sollte mit der Qualität starten, sich dann der Lieferzuverlässigkeit und -geschwindigkeit widmen, um sich schließlich auf die Kosten bzw. die Kosteneffizienz zu konzentrieren [64]. Es erscheint sinnvoll, die Erkenntnisse zu verallgemeinern und auf die gesamte Supply Chain anzuwenden [65].

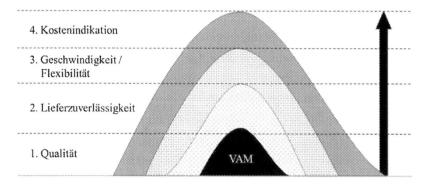

Abb. 4.2 Sandkegel-Modell. (Quelle: In Anlehnung an [64])

Die **Reihenfolge der Analyse** in Abb. 4.1 ist eine zeitlich-logische Abfolge im Hinblick auf die Reihenfolge von Entscheidungen [66, 67]. Dies bedeutet nicht, dass z. B. der Qualität eine höhere Priorität als den Kosten zugeordnet werden sollte, sondern dass es keinen Sinn macht, die Investition in 3D-Druck weiter zu analysieren, wenn bereits die Kundenanforderungen in Bezug auf Qualität nicht erfüllt werden. Nur wenn das 3D-Druck-Szenario gegenüber den konkurrierenden Szenarien (z. B. ein konventionelles Fertigungsverfahren, externe Beschaffung) in allen vier Bereichen als vorteilhaft erachtet wird, sollte Phase 2 der Analyse (Geschäftswertbeitrag über den gesamten Lebenszyklus) begonnen werden.

Zuerst muss ein Mindestmaß an **(1) Qualität** sichergestellt werden, um überhaupt Kunden zu gewinnen. Qualität wird als der Erfüllungsgrad von Ansprüchen bezüglich der Qualität von Produkten und Prozessen definiert, d. h., die möglichst geringe Abweichung von den Qualitätsanforderungen [68]. Qualität bildet den Unterbau für die Lieferzuverlässigkeit der Supply Chain [69]. Diese Zuverlässigkeit ist wiederum die Voraussetzung für Flexibilität und letztlich die Kosteneffizienz [17].

Die Unternehmen der empirischen Studie bestätigten, dass das Einhalten der Qualitätsanforderungen der wichtigste Faktor bei der Investitionsentscheidung sei. Diese Qualitätsanforderungen lassen sich nach externen Kundenanforderungen und interner Technologie- bzw. Prozessfähigkeit unterscheiden. Beispielhafte **Anforderungen an das Werkstück** sind unter der Maßgabe exakter Reproduzierbarkeit bei größerer Stückzahl: Mechanische Eigenschaften (auch im Systemverbund), Maßhaltigkeit der Dimensionen (Toleranzen), Oberflächenbeschaffenheit, Temperaturbeständigkeit, minimale bzw. maximale Größe des Objekts (Bauraum des Druckers), Dosierungsgenauigkeit (Materialmenge), Isolationseigenschaften, Verbundwirkung mit anderen Komponenten (z. B. Lacke, Kleber), Vermeidung unerwünschter Hohlräume, Wechselwirkung mit Füllgut (z. B. Lebensmittelverträglichkeit), Nachverfolgbarkeit durch versteckte Merkmale, Witterungsbeständigkeit und Entflammbarkeit der gedruckten Objekte.

Die Unternehmen der **Lebensmittelbranche** hoben weitere Anforderungen hervor: Die Lebensmittelverträglichkeit des eingesetzten Materials, die Textur des gedruckten Objekts und die Reinigungsfähigkeit des Druckers, um hygienische Anforderungen zu erfüllen, z. B. gemäß des International Featured Standard Food (IFS). Die Gelierung der einzelnen Schichten bestimmt die Stabilität des gesamten Produkts, sodass die Zeitgenauigkeit des Drucks entscheidend für die schichtweise „Verfestigung" der Rohstoffe ist. Insbesondere Vorschriften bzgl.

Clean-in-Place (CIP) [69] stellen eine große Hürde für einen breiteren Einsatz des 3D-Drucks in der Lebensmittelindustrie dar. Diese erfordern, dass alle innen liegenden Oberflächen der Produktionsanlagen von der produktbedingten Verschmutzung gereinigt werden, ohne die Anlage zu demontieren. Wenn die Qualitätsanforderungen nicht in ausreichendem Maße erfüllt werden, ist eine Investition in 3D-Druck abzulehnen.

Eine unabdingbare Voraussetzung für eine stichhaltige Prüfung der qualitativ-technischen Anforderungen ist die vorherige Auswahl der Druckrohstoffe und der Druckverfahren, da sich sowohl die Materialeigenschaften als auch die Reifegrade bzw. qualitativ-technischen Merkmale der Druckverfahren signifikant unterscheiden.

Sobald eine gleichbleibende Qualität gesichert ist, ist die **(2) Lieferzuverlässigkeit** in einem 3D-Druck-Szenario zu untersuchen. Lieferzuverlässigkeit ist als die Einhaltung geplanter Liefertermine (Pünktlichkeit) definiert und kann durch kurze Prozesszeiten mit niedrigen Schwankungen erzielt werden [16, 70]. Daher sollte ein Unternehmen die **(3) Geschwindigkeit und Flexibilität** mit 3D-Druck erst analysieren, wenn ein gewisses Maß an Zuverlässigkeit gewährleistet ist. Die Geschwindigkeit bzw. Lieferzeit bestimmt sich durch Lagerbestände und Durchlaufzeiten in Planung, Beschaffung, Produktion und Distribution [16, 18]. Flexibilität ist die Fähigkeit, Veränderungen und Unsicherheiten in Bezug auf Kundenanforderungen und eigene Kapazitäten erfolgreich zu begegnen [18]. Hohe Flexibilität ist durch qualitativ anpassungsfähige und quantitativ skalierbare Kapazitäten und Prozesse zu erreichen [17].

Abschließend ist eine erste **(4) Kostenschätzung** des 3D-Drucks vorzunehmen und mit konkurrierenden Szenarien zu vergleichen. Dies umfasst sowohl die Anschaffungs- als auch die Betriebskosten. In Phase 1 sollten Kosten nur grob geschätzt werden, um ein ausgewogenes Verhältnis zwischen Aufwand und Nutzen zu erzielen bzw. eine „Analyse-Paralyse" zu vermeiden. Um einen Näherungswert zu berechnen, sollte die Schätzung auf die Anschaffungskosten (bzw. Abschreibungen) für den Drucker und die Stückkosten für die Produktion (z. B. Einsatzmenge der Druckrohstoffe, Energieverbrauch) begrenzt werden. Für die differenzierte Wirtschaftlichkeitsanalyse in Phase 2 sind Kostentreiber auf detaillierterer Ebene in allen Supply-Chain-Prozessen zu berücksichtigen.

Unternehmen der **Automobil- und Elektronikindustrie** haben auf die begrenzten Einsparpotenziale von 3D-Druck im Vergleich zu konventionellen Fertigungsverfahren hingewiesen, wenn es bereits (a) ein hohes Maß an Gleichteileverwendung innerhalb des Produktportfolios gibt (z. B. Standardisierung auf

Basis von Plattformkonzepten oder Baukasten- bzw. Modulbauweise, die das Konzept der kundenindividuellen Massenproduktion unterstützen) oder (b) eine hohe Prognosegenauigkeit besteht, die z. B. hohe Skaleneffekte für generische Module, Rahmenverträge mit Lieferanten und fortschrittliche Logistikkonzepte ermöglicht.

Die vorherigen Ausführungen haben die theoretische Basis des Modells in **Phase 1** dargestellt. Für die konkrete **Umsetzung in die Praxis** empfiehlt sich ein **Etappenplan in sechs Schritten,** der die Inhalte des theoretischen Modells in handhabbare Arbeitspakete für die Entscheidungsfindung bzw. Implementierung überführt (vgl. Tab. 4.1).

Diese sechs Schritte werden im Folgenden detailliert erläutert:

Schritt 1: Technologie Know-how etablieren

Schritt 2: Unternehmensspezifische Kriterien für Teile-, Verfahrens- und Druck-material-Auswahl definieren

Schritt 3: Teile, Verfahren und Druckmaterial auswählen

Schritt 4: Test-Charge als Pilot drucken

Schritt 5: Teile testen und freigeben

Schritt 6: Kosten (grob) schätzen

Etappenplan für die Praxis in fünf Schritten

Schritt 1: Technologie-Know-how etablieren
Technische Kompetenz und Marktüberblick zu Verfahren und Materialien kann z. B. durch den Besuch von Messen oder Schulungen und Demonstrationen bei Dienstleistern und Herstellern erworben werden.

Schritt 2: Unternehmensspezifische Kriterien für Teile-, Verfahrens- und Druckmaterial-Auswahl definieren
Eine große Herausforderung stellt die Tatsache dar, dass tlw. wechselseitige Abhängigkeiten zwischen der Auswahl der (a) zu druckenden Objekte, (b) des Druckverfahrens und (c) der Druckmaterialien bestehen. Bspw. bestimmen die qualitativ-technischen Anforderungen der zu druckenden Objekte die infrage kommenden Druckverfahren (vgl. Schritt 2b: Verfahrensauswahl-Matrix, VAM). Die Festlegung auf ein Druckverfahren wiederum grenzt die am Markt verfügbare Auswahl druckbarer Materialien ein. Aus der Kombination aus Druckverfahren und -material resultiert wiederum, ob die qualitativ-technischen Anforderungen an das zu druckende Objekt erfüllt werden. Somit müsste die Entscheidung über

Objekte, Druckverfahren und -materialien simultan getroffen werden. Da dies in der Praxis nicht möglich ist, schlagen die Autoren den im Folgenden schrittweisen Ansatz mit iterativen Schleifen vor:

Schritt 2a) Kriterien für die Vorauswahl geeigneter Teile bzw. Produkte
Aus der Gesamtheit aller Teile bzw. verkaufsfähiger Produkte, die auf Eignung für 3D-Druck zu untersuchen sind, ist quasi mit einem „virtuellen Sieb" eine Vorauswahl für die weitere Analyse zu treffen. Im Rahmen von Beratungsprojekten mit Unternehmen haben sich die folgenden „Sieb"-Kriterien als erste Näherung **zur Einschränkung des Suchraums** bewährt (vgl. Tab. 4.3). Diese Filterkriterien lassen sich in technische, nachfrage-, beschaffungs- und produktionsseitige Kriterien differenzieren:

In der Praxis hat sich eine schrittweise Kombination der Kriterien bewährt, um den Suchraum für geeignete Teile bzw. Objekte sukzessiv einzugrenzen. Hierzu können die verschiedenen in der Literatur und Praxis etablierten numerischen (z. B. Scoring-Modell), verbalen (z. B. Checklistenverfahren) und grafischen (z. B. Profilanalyse) Bewertungsverfahren angewendet werden. Insbesondere die Portfolio-Analyse bietet eine schnelle Orientierung (vgl. Abb. 4.3). Aus der Position der Produkte in der Portfolio-Matrix wird die Eignung für 3D-Druck abgeleitet. Nach einer solchen ersten Klassifizierung sind für die Auswahlentscheidung die weiteren Schritte zu durchlaufen.

Tab. 4.3 Kriterien für die Vorauswahl geeigneter Teile bzw. Produkte

Technik und Entwicklung	Produktion
• Verfügbarkeit digitaler 3D-Daten des Werkstücks bzw. Kosten für die Generierung mittels CAD-Software oder Scanning • Kosten für die Aufbereitung der 3D-Daten, z. B. Konvertierung in STL-Format, Slicing, Meshing etc. • Verfügbarkeit über die Rechte am Design (Eigenentwicklung versus Lieferant) • Substitution des konventionellen Rohstoffs bietet Potenziale im Hinblick auf Qualität und/oder Kosten • Potenziale durch Gewichtsreduktion (Wabenstruktur statt massiver Werkstücke)	• Hohe Rüstkosten treiben die Fertigung großer Losgrößen und hoher Bestände • Hohe Kosten für Werkzeuge oder Formen, insbesondere bei kurzen Lebenszyklen und schlechter Prognostizierbarkeit des Nachfrageverlaufs • Hoher Lohnanteil an den Herstellkosten, z. B. viele manuelle Montageschritte bei einer hohen Anzahl an Teilen • Hohe Kosten des konventionellen Fertigungsverfahrens, z. B. bedingt durch hohe Komplexität der Fertigung bzw. viele Produktionsschritte, Wartung, Energie

(Fortsetzung)

Tab. 4.3 (Fortsetzung)

Nachfragemuster und Distribution	Beschaffung
• Hoher Anteil auftragsbezogener, kundenindividueller Fertigung • Große Produktvariantenvielfalt in Kombination mit einer relativ kleinen Stückzahl je Variante („high mix, low volume") • Schlechte Prognostizierbarkeit der Nachfrage bzw. hohe Prognosefehler • Vertragliche Verpflichtung langjähriger Verfügbarkeit von Teilen, denen nur eine geringe, sporadische Nachfrage gegenübersteht • Ersatzteile mit geringer, diskontinuierlicher Nachfrage: Statt der physischen Teile werden nur generische Druck-Rohstoffe gelagert und die 3D-Daten digital gespeichert • Hohe Bestände bzw. Lagerkosten • Hoher Anteil der Kosten für beschleunigte Lieferungen an den gesamten Logistikkosten, z. B. bedingt durch schlechte Prognostizierbarkeit der Nachfrage, mangelnde Flexibilität bzw. Kapazität der Fertigung, rüstkostenbedingte Kampagnenfertigung • Potenziale durch lokale Produktion für lokalen Bedarf: Lieferzeit, Frachtkosten, Zölle	• Keine Bezugsquelle verfügbar bzw. Insolvenzrisiko des Lieferanten • Niedrige Termintreue des Lieferanten bzw. Lieferrisiko • Hohe Fehlmengenkosten • Lieferzeit einer einzigen Komponente determiniert vielfach die Fertigstellung des Endprodukts • Hohe Verschrottungskosten, die z. B. durch niedrige Planungssicherheit in Bezug auf Nachfragemengen und Lebenszyklus des Produkts bedingt sind. Dies umfasst in der Beschaffungslogistik sowohl die Kosten für die Verschrottung bzw. Entsorgung von Rohstoffen und Halbfertigerzeugnissen am Ende des Produkt-Lebenszyklus („End-of-Life", EOL) – auch vertragliche Abnahmeverpflichtungen von Restmengen bei Lieferanten sind zu berücksichtigen – als auch Werkzeuge und Formen • Hohe Frachtkosten, die bei 3D-Druck reduziert werden könnten durch (1) eine Verkürzung der Lieferdistanz bei lokalem bzw. regionalem Druck oder (2) eine Reduzierung von Gewicht und Dimensionen des Frachtgutes (z. B. Pulver für 3D-Druck statt großvolumige, ggf. hohle Objekte, die einzeln verpackt sind) • Hohe Zollkosten für den Import, die im Falle des lokalen 3D-Drucks Einsparpotenziale aufweisen durch (1) den Bezug digitaler 3D-Daten statt physischer Materialien, (2) „zoll-günstigeres" Herkunftsland des Druck-Rohstoffes (z. B. EU-Präferenzregeln), (3) höhere Anteile „local content" am Endprodukt – ohne ein Werk im Absatzland zu errichten, eine lokale Lieferantenbasis aufzubauen oder komplexe Konzepte wie Complete Knock Down (CKD) zu nutzen

Schritt 2b) Verfahrensauswahl-Matrix (VAM)

Um das Suchfeld bei der Auswahl eines geeigneten **Druckverfahrens** einzuschränken, bieten die Verfahrensauswahl-Matrix (VAM) einen Überblick über die Ausprägungen relevanter Auswahlkriterien je Druckverfahren (Tab. 4.4 und 4.5). Die VAM basiert in ihrer Struktur tlw. auf [6], wurde aber wesentlich erweitert und aktualisiert auf Basis von Experteninterviews der FH Münster, insbesondere in Zusammenarbeit mit dem 3D-Druckdienstleister Urbanmaker.

Ob die qualitativen Anforderungen an das zu druckende Werkstück erfüllt werden, hängt einerseits vom verwendeten Material ab, andererseits vom gewählten Druckverfahren. Insofern können beide Faktoren nicht isoliert voneinander betrachtet werden, sondern müssen gemeinsam analysiert werden. Aufgrund der Vielzahl der am Markt verfügbaren Kombinationen von Material, Druckverfahren und Drucker-Hersteller ist eine fachkundige Beratung durch einen Dienstleister empfehlenswert.

Schritt 2c) Kriterien für die Auswahl der Druckmaterialien

Im Rahmen der branchenübergreifenden Studie der FH Münster sind exemplarisch **branchenübergreifende Kriterien** identifiziert worden wie z. B. mechanische Eigenschaften und Oberflächenbeschaffenheit. **Branchenspezifische Kriterien** grenzen den Suchraum nach geeigneten Druckmaterialien weiter ein, bspw. in der Elektronik- oder Halbleiter-Industrie elektrische Leitfähigkeit bzw. Isolationseigenschaften, ESD-Sicherheit, Ausgasungsfreiheit oder Korrosionsbeständigkeit. Entscheidend für die Produktqualität sind vor allem **produktspezifische Anforderungen**. Diese Anforderungen sind gemeinsam mit Verantwortlichen in Entwicklung, Produktion, Einkauf und Qualitätsmanagement für einzelne Produkte bzw. Produktfamilien zu erheben.

Schritt 3: Teile, Verfahren und Druckmaterial auswählen

Auswahl auf Basis der in Schritt 2 abgeleiteten Kriterien. Für ein Pilot-Projekt sollte die Selektion der Testobjekte repräsentativ sein im Hinblick auf die Variantenkomplexität bzw. die technischen Anforderungsprofile. Risiko-Analysen, sowohl hinsichtlich der Qualität des Objekts (z. B. Aspekte der Produkthaftung) als auch des Nachschubrisikos in der Supply Chain (z. B. Substitutions-Szenarien), sollten diesen Schritt ergänzen.

Schritt 4: Test-Charge als Pilot drucken

Erzeugung des Objekts für den Test in Schritt 5. Ebenso sind Daten über reale Kosten und Zeiten als Basis für die differenzierte Wirtschaftlichkeitsanalyse (vgl. Phase 2 in Abschn. 4.3) zu erheben.

Abb. 4.3 Kombination der
Selektionskriterien für die
Auswahl geeigneter Objekte
für 3D-Druck

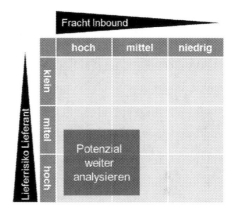

Schritt 5: Teile testen und freigeben
Dies umfasst im Rahmen der Prüfung technischer Qualitätsmerkmale einen Funktions- und Materialtest.

Bei Komponenten bzw. Modulen ist ebenso der „Fit" zum Gesamtsystem in Form eines Integrationstests zu prüfen.

Schritt 6: Kosten (grob) schätzen
Elemente der Schätzung sind z. B. die Anschaffungskosten des Druckers und die Stückkosten der Produktion (Materialeinsatz, Energieverbrauch).

Eine differenzierte Wirtschaftlichkeitsanalyse (Phase 2) sollte erst durchgeführt werden, wenn diese sechs Schritte erfolgreich durchlaufen wurden, um den Aufwand für die Datenerhebung und -analyse zu reduzieren.

4.3   Phase 2: Differenzierte Wirtschaftlichkeitsanalyse auf Basis des Geschäftswertbeitrags

Um die Wertorientierung des Ansatzes zu gewährleisten, basiert Phase 2 auf dem Konzept des **Geschäftswertbeitrags** (Engl. Economic Value Added, EVA), einer etablierten Methode zur Wertmessung [20]. **EVA** ist ein Maß für wirtschaftlichen Gewinn (nicht buchhalterischen Gewinn) und wird als die Differenz zwischen dem Geschäftsergebnis nach Steuern (NOPAT) und den Kapitalkosten definiert, welche wiederum vom gesamten investierten Kapital und dem gewichteten

Tab. 4.4 Verfahrensauswahl-Matrix (VAM) – Teil 1

Material	Geschmolzene Materialien	Flüssige Materialien				
Kriterien / Druck-verfahren	Fused Deposition Modeling (FDM), Fused Filament Fabrication (FFF), Fused Layer Modeling (FLM)	PolyJet (PJM)	Multi-Jet Modeling (MJM)	Wachs-druck (3DWP)	Stereolitho-graphie (STL, SLA)	Digital Light Processing (DLP)
Prinzip	Schmelz-schichtung	Druckkopf	Druckkopf	Druckkopf	Stereolitho-graphie mit Laser	Stereolitho-graphie mit Maske
Auflösung, Genauigkeit	Niedrig bis mittel	Hoch	Hoch	Hoch	Hoch bis sehr hoch	Hoch bis sehr hoch
Eignung für Kleinserie	Ja	Ja	Ja	Ja	Ja	Ja
Glatte Oberfläche	Nein	Ja	Ja	Ja	Ja	Ja
Finishing nötig	Ja	Ja	Ja	Ja	Ja	Ja
Büro-Tauglichkeit	Je nach Modell und Material	Je nach Modell	Je nach Modell	Ja	Je nach Modell	Je nach Modell
Belastbarkeit des Drucks	Hoch	Mittel bis hoch	Mittel bis hoch	Niedrig	Niedrig bis hoch	Niedrig bis hoch
Haltbarkeit des Drucks	Sehr gut	Mittel	Mittel	Begrenzt	Mittel	Mittel
Farbenvielfalt	Hoch	Hoch	Gering	Nein	gering	gering
Farben pro Druck	1 Farbe pro Extruder	360000 Farben	1 Farbe pro Düse	-	1 Farbe pro Druck	1 Farbe pro Druck
Anschaffungskosten Drucker	Sehr niedrig bis mittel	Mittel bis sehr hoch	Mittel bis sehr hoch	Hoch	Niedrig bis hoch	Mittel bis hoch
Betriebskosten	Sehr niedrig	Niedrig bis hoch	Niedrig bis hoch	Niedrig	Niedrig bis hoch	Niedrig bis hoch
Druckgeschwindigkeit	Mittel	Niedrig bis mittel	Niedrig bis Mittel	Niedrig	Mittel	Mittel
Kosten je Druck (materialabhängig)	Niedrig	Hoch bis sehr hoch	Hoch	Hoch	Mittel bis hoch	Mittel bis hoch
Werkstoffe (Auswahl)	Kunststoffe (z. B. ABS, PLA, Nylon PET, ASA, POM, PP) und Kunst-stoffmischg. (z. B. Holz, Stein, Carbon, Kupfer)	Kunst-harze, UV-sensitive Flüssig-kunst-stoffe	Kunst-harze, UV-sensitive Flüssig-kunst-stoffe	Wachs	Kunstharze, lichtemp-findliche Flüssigkunst-stoffe Epoxidharze, Elastomere, Acrylate	Kunstharze, lichtemp-findliche Flüssigkunst-stoffe Epoxidharze, Elastomere, Acrylate

Tab. 4.5 Verfahrensauswahl-Matrix (VAM) – Teil 2

Material	Pulver			Papier	Pulver
Druck-verfahren	Selektives Laser-sintern, (SLS)	Selektives Laser-schmelzen (SLM)	Elektronen-strahl-schmelzen (EBM)	Laminated Object Modeling (LOM)	3DP
Kriterien					
Prinzip	Sintern	Schmelzen	Schmelzen	Schichten Kleben, Cutting	Verkleben
Auflösung, Genauigkeit	Mittel bis hoch	Mittel bis hoch	Hoch	Mittel	Mittel
Eignung für Kleinserie	Ja	Ja	Ja	Tlw.	Tlw.
Glatte Oberfläche	Nein	Nein	Nein	Nein	Nein
Finishing nötig	Ja	Ja	Ja	Ja	Ja
Büro-Tauglichkeit	Nein	Nein	Nein	Ja	Nein
Belastbarkeit des Drucks	Hoch bis sehr hoch	Sehr hoch	Sehr hoch	Niedrig	Niedrig
Haltbarkeit des Drucks	Sehr gut	Sehr gut	Sehr gut	Begrenzt	Zerbrechlich
Farbenvielfalt	Sehr gering	Nein	Nein	CMYK	CMYK
Farben pro Druck	1 Farbe pro Druck	-	-	CMYK	CMYK
Anschaffungskosten Drucker	Niedrig bis sehr hoch	Sehr hoch	Sehr hoch	Mittel bis hoch	Mittel bis hoch
Betriebskosten	Niedrig bis sehr hoch	Sehr hoch	Sehr hoch	Sehr Niedrig	Niedrig
Druckgeschwindigkeit	Niedrig	Niedrig	Niedrig	Niedrig	Mittel
Kosten je Druck (materialabhängig)	Mittel bis hoch	Sehr hoch	Sehr hoch	Niedrig	Mittel
Werkstoffe (Auswahl)	Kunst-stoffe, Metalle, Keramik	Metalle, Legierungen	Titanium, Cobalt-Chrome	Papier	Polymergips

durchschnittlichen Kapitalkostensatz (WACC) abhängen [18, 20]. EVA betont die Fähigkeit eines Unternehmens, in der Zukunft Gewinne zu erwirtschaften, besser als andere Methoden. Obwohl formal vergleichbar mit dem Kapitalwert (NPV) [71], hat EVA den Vorteil, dass es aufzeigt, wie viel Wert in den einzelnen Jahren der Prognose zum eingesetzten Kapital hinzugefügt wird [23]. Somit unterstützt EVA die dynamische Perspektive der Wirtschaftlichkeitsanalyse für Investitionen in 3D-Druck.

Um die Relevanz für das Supply Chain Management zu gewährleisten, basiert die **übergreifende Struktur des Modells** auf dem Ansatz, den Schnetzler et al. [15] für die Entwicklung einer Supply-Chain-Strategie vorgestellt haben. Beim Supply Chain Management ist das Ziel des EVA-Konzepts – die Wertschöpfung bzw. den Geschäftserfolg zu maximieren – über Werttreiber umzusetzen. Eine Investition in 3D-Druck ist mit dem gleichen Ansatz zu bewerten.

Die Werttreiber der Supply Chain werden nach dem EVA-Konzept identifiziert und dann weiter systematisch nach Zielbereichen des Supply Chain Managements aufgespalten (vgl. Abb. 4.4): **(2.1) Kosten** (Ziel: niedrige operative Kosten), **(2.2) Aktiva der Bilanz** (Ziel: geringe Kapitalbindung in Aktiva wie Anlage- und Umlaufvermögen) und **(2.3) Umsatz** (Ziel: hoher Umsatz). Diese Ziele tragen zur Erhöhung des EVA bei: Höheres Umsatzvolumen und geringere Betriebskosten führen zu höheren Profiten. Aus einem reduzierten Umlaufvermögen resultieren niedrigere Kapitalkosten. Ein hohes Service-Level in der Logistik, definiert durch Liefertermintreue und Lieferzeit, ist ein Hebel im Supply Chain Management, um die Kundenzufriedenheit zu erhöhen und so den Umsatz zu steigern [16, 17].

Für die **(2.1) Kosten** folgt die Zerlegung den Supply-Chain-Prozessen des Supply Chain Operations Reference Model (SCOR): Beschaffung, Produktion, Distribution, Retouren (source, make, deliver, return) [27]. Die jeweiligen Plan-Prozesse gem. SCOR wurden zwecks besserer Verständlichkeit unter die vorgenannten Prozessbereiche subsumiert. Im Folgenden wird die Unterteilung der Prozesse auf der Grundlage von Prozessaktivitäten detaillierter erläutert, um die relevanten Werttreiber auf operativer Ebene zu identifizieren.

Im Bereich der Kosten stützt sich das Analyse-Raster auf das Konzept **Total Cost of Ownership (TCO)**, nach dem alle quantifizierbaren Kosten, die während des gesamten Lebenszyklus eines Objektes entstehen, zu berücksichtigen sind [72]. Im Vergleich zum traditionellen Ansatz der Lebenszykluskosten ist TCO breiter angelegt und umfasst die gesamte Supply Chain [73]. Seit den frühen 1990er Jahren haben zahlreiche Autoren die Anwendung des TCO-Konzepts auf den Einkauf vorgeschlagen (z. B. [73–77]). Diese Studie nutzt die

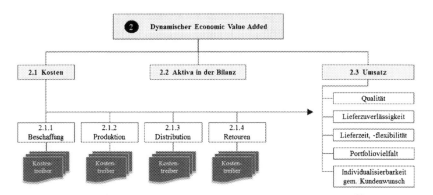

Abb. 4.4 Struktur der Phase 2: Wirtschaftlichkeitsanalyse auf Basis des Geschäftswertbeitrags (Economic Value Added)

TCO-Philosophie, um die Kostenwirkungen des 3D-Drucks in der gesamten Supply Chain mit konventionellen Fertigungsverfahren zu vergleichen. Ein TCO-basiertes Modell für Entscheidungen über Investitionen in 3D-Druck muss im Sinne einer dynamischen Investitionsrechnung alle Kosten berücksichtigen, die über den gesamten Lebenszyklus der Investition entstehen können (vgl. Abb. 4.5). Daher sind die Wirkungen der **(2.2) Aktiva in der Bilanz** auf den Geschäftswertbeitrag sowohl durch Änderungen des Anlagevermögens (z. B. 3D-Drucker, Equipment zum Testen oder zur Oberflächenbehandlung) als auch durch Änderungen des Umlaufvermögens (z. B. Vorräte an Rohstoffen, Betriebsstoffe und Fertigerzeugnissen) zu untersuchen. Werttreiber des Umlaufvermögens sind u. a. Änderungen der Losgrößen und Bestellfrequenz in einem 3D-Druck-Szenario [78]. Die Werttreiber für den **(2.3) Umsatz** folgen dem Konzept des Sandkegel-Modells aus Phase 1 (vgl. Abschn. 4.2).

(2.1) Kosten

Um die Auswirkungen auf die operativen Kosten in einem 3D-Druck-Szenario pro Prozessbereich der Supply Chain zu bewerten, wurde ein **schrittweises Vorgehen** gewählt (vgl. Tab. 4.6). Im ersten Schritt wurden die **Kostentreiber pro Prozessaktivität identifiziert**. Ein Kostentreiber (Bezugsgröße) ist jeder Faktor, der eine Änderung der Kosten für eine Aktivität verursacht [79]. Um diese Ursache-Wirkung-Beziehungen zu identifizieren, wurden alle relevanten Supply-Chain-Prozesse modelliert und analysiert. Geschäftsprozessmodelle haben sich

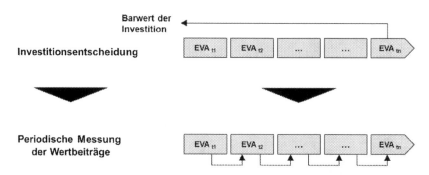

Abb. 4.5 Dynamischer Ansatz des Geschäftswertbeitrags über den Lebenszyklus

sowohl zur Wissensvermittlung als auch als Grundlage für Informationssammlung und -analyse bewährt [1].

Im zweiten Schritt wurde mittels Szenario-Analyse (mit versus ohne 3D-Druck) die **Richtung des Einflusses je Kostentreiber** bestimmt (Steigerung bzw. Abnahme der Bezugsgrößen). Als Beispiel dient die Bestellhäufigkeit: Die Anzahl der Bestellvorgänge für Rohstoffe sinkt in einem 3D-Druck-Szenario, weil eine begrenzte Anzahl an Druckrohstoffen (z. B. eine Sorte Kunststoffgranulat in Big Bags von einem Lieferanten) von einer begrenzten Anzahl von Lieferanten beschafft wird – im Vergleich zur Beschaffung einer größeren Anzahl vorgefertigter Teile verschiedener Lieferanten in einem Szenario ohne 3D-Druck. Dadurch sinken u. a. sowohl die Personalkosten für Bestellung und Wareneingang als auch die Eingangsfrachtkosten. Im dritten Schritt wurden die **Kostentreiber** nach dem Kriterium des Ausmaßes der Kostenwirkung **priorisiert,** d. h., es wurden diejenigen Kostentreiber identifiziert, die den Großteil der Kostenwirkungen bei Nutzung des 3D-Drucks erklären.

Entsprechend des o. g. Vorgehens werden alle Supply-Chain-Prozesse – Beschaffung, Produktion, Distribution, Retouren – weiter zerlegt. Dieses Prinzip der Dekomposition wird wiederholt angewendet, bis ein ausreichendes Maß an Detailtiefe und Konkretisierung erreicht wird, um eine Entscheidung über die Investition zu treffen. Das Konzept des Geschäftswertbeitrags stellt den Fokus auf die Wertschöpfung bzw. die Steigerung des Unternehmenswerts sicher. Über die Prozesse des SCOR-Modells [27] werden die Geschäftsprozesse mit ihren Wert- bzw. Kostentreibern verbunden [17].

Bevor die Kostentreiber analysiert werden, muss das Unternehmen eine Entscheidung über den Standort des 3D-Drucks im Netzwerk treffen. Dies gilt für die ganze Supply Chain (z. B. in einem Werk, in einem Distributionszentrum

Tab. 4.6 Schrittweises Vorgehen zur Analyse der Kostentreiber je Kosten-Element

Schritt	Aktivität	Fragestellung
1	Identifikation der **Kostentreiber je Kostenelement**	Welche Faktoren bzw. Bezugsgrößen bestimmen welche Kosten?
2	Identifikation der **Richtung des Einflusses** einer Änderung des Kostentreibers **auf die Kostenelemente**	Wie ändern sich welche Kosten bei 3D-Druck im Vergleich zum konventionellen Fertigungsverfahren?
3	**Priorisierung der Kostentreiber** zwecks Effizienz der Analyse (Paretoprinzip 80:20)	Welches sind die Faktoren, welche die Kostenänderungen z. B. zu 80 % bestimmen?

oder beim Kunden vor Ort) als auch für eine Entität innerhalb der Supply Chain (z. B. auf dem Shopfloor oder im Versandbereich innerhalb eines Werks). Zudem müssen die Entscheidungen über die zu druckenden Teile bzw. Produkte, das geeignete 3D-Druckverfahren und die daraus resultierenden Druckrohstoffe vorab getroffen werden (vgl. Phase 1 in Abschn. 4.2). Sowohl die Stärke als auch die Richtung der Kostenwirkungen werden durch die obigen Entscheidungen determiniert.

Die folgenden Abschnitte beleuchten die einzelnen Supply-Chain-Prozesse in (2.1.1) Beschaffung, (2.1.2) Produktion, (2.1.3) Distribution und (2.1.4) Retouren, um die für den 3D-Druck relevanten Wert- bzw. Kostentreiber zu identifizieren und ihre monetären Auswirkungen abschätzen zu können.

(2.1.1) Kostenwirkungen im Beschaffungsprozess (Source)
Der Beschaffungsprozess beinhaltet die Bestellung (oder Planung von Lieferungen) sowie den Empfang von Waren und Dienstleistungen. Dies umfasst als Prozessaktivitäten das Auslösen der Bestellungen bzw. das Planen der Lieferungen, die Entgegennahme, die Prüfung und die Lagerung der Waren und die Zahlung der Rechnung des Lieferanten [27]. Auf Basis des SCOR-Modells und ergänzendem Input der an der Studie beteiligten Unternehmen wurde der Beschaffungsprozess zur Identifizierung relevanter Kostentreiber unterteilt in (1) Materiallieferung planen und bestellen, (2) Lieferung empfangen, (3) Lieferung prüfen, (4) Lieferung transferieren (Staging) und (5) Zahlung anweisen (vgl. Abb. 4.6) [80].

Die beteiligten Unternehmen erachteten die Prozessaktivitäten (2) bis (5) hinsichtlich ihrer Kostenänderungen bei 3D-Druck als irrelevant. Dem Teilprozess „Materiallieferung planen und bestellen" hingegen wurde die größte Wirkung auf die Beschaffungskosten zugeschrieben (in Abb. 4.6 durch fetten Rahmen

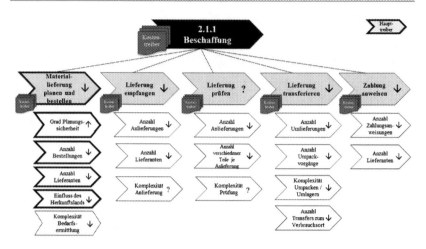

Abb. 4.6 Beschaffungsprozess und Kostentreiber

hervorgehoben). Dieser Teilprozess umfasst die Planung und Ausführung der einzelnen Lieferungen zu einem bestehenden Vertrag bzw. einer Bestellung. Die Freigaben werden mittels eines detaillierten Beschaffungsplans oder anderer Arten von Bedarfssignalen ausgelöst [27].

Wesentliche Kostentreiber des Teilprozesses „Materiallieferung planen und bestellen" sind „Anzahl der Bestellungen", „Anzahl der Lieferanten", „Einfluss des Herkunftslandes" und „Grad an Planungssicherheit". Vor allem der letzte Punkt scheint einen dominanten Einfluss auf die Beschaffungskosten zu haben, und zwar unabhängig von der Branchenzugehörigkeit eines Unternehmens. „Planungssicherheit" bezieht sich einerseits auf die Genauigkeit von Nachfrageprognosen und andererseits auf die Vorhersagegenauigkeit im Hinblick auf die Dauer des Lebenszyklus eines Produkts bzw. die Beschaffung der damit verbundenen Materialien. Bei Nutzung des 3D-Drucks steigt die Planungssicherheit signifikant an: Anstatt eine Vielfalt unterschiedlicher Materialien (z. B. viele Varianten von Kunststoffkomponenten) zu planen und prognostizieren, muss nur eine begrenzte Anzahl an Druckrohstoffen geplant werden (z. B. wenige Arten Druckrohstoffe, aus der eine Vielzahl an Teile-Varianten gedruckt werden kann). Dies führt zu einem geringeren Planungsaufwand.

Die Prognosegenauigkeit für die Druckrohstoffe (z. B. Big Bags mit generischem Kunststoffgranulat für 3D-Druck) ist höher als für einzelne, extern bezogenen Teile („Gesetz der großen Zahlen"). Dadurch reduzieren sich sowohl die Lagerhaltungskosten (Handling, Kapitalkosten, Infrastruktur) als auch die

Fehlmengenkosten. Der Rückgang der Fehlmengenkosten ist vor allem durch seltenere Frachtkosten-Zuschläge bedingt: Diese fielen bei konventioneller Fertigung für das Beschleunigen eingehender Lieferungen an, um den Produktionsplan einzuhalten bzw. Produktionsstillstand oder Vertragsstrafen zu vermeiden. Zudem ändern sich die Frachtkostenanteile je Verkehrsmittel: Der Anteil der (teuren) Luftfracht für schnelle Transporte verlagert sich auf (günstigere) Beförderungsarten wie Schiene, Straße oder Wasser, da weniger eingehende Sendungen (ungeplant) durch Wahl eines teureren Verkehrsmittels beschleunigt werden müssen. Der geringere Bedarf an Eilsendungen resultiert ebenso aus der höheren Flexibilität in der Produktion bei 3D-Druck.

Die Verschrottungskosten für Materialien abgemeldeter Produkte (end-of-life) sinken, da keine Notwendigkeit großer Bestände an spezifischen Komponenten besteht, wenn bei Bedarf etwas gedruckt werden kann. Dies gilt ebenso für vertragliche Verpflichtungen zum Kauf von Restmengen der Materialien beim Lieferanten. Außerdem verringern sich die Werkzeugkosten bei Lieferanten (z. B. für Gussformen) durch eine Reduzierung der Anschaffungs- und Abschreibungskosten sowie der Verschrottungskosten am Ende der Nutzungsdauer.

Darüber hinaus reduziert sich die „Anzahl der Lieferanten" bei der Nutzung von 3D-Druck (z. B. Beschaffung von Kunststoffgranulat in Big Bags als Druckrohstoff von einer begrenzten Anzahl an Lieferanten im Vergleich zur Beschaffung einer größeren Variantenvielfalt an Einzelkomponenten von einer Vielzahl Lieferanten). Somit bietet 3D-Druck Einsparungspotenziale bei den Personalkosten im administrativen Bereich. Einschränkend ist anzumerken, dass für Unternehmen der Prozessindustrie (hier: Kunststoff, Lebensmittel) nur eine begrenzte Auswirkung auf die Beschaffungskosten identifiziert wurde, da konventionelle Fertigungsverfahren in diesen Branchen durch ähnliche Eigenschaften wie 3D-Druck gekennzeichnet sind: Rohstoffe werden in Silofahrzeugen oder Big Bags von einer vergleichbar großen Lieferantenbasis bei ähnlichem Nachfragemuster beschafft.

Bei internationaler Beschaffung kann die Nutzung des 3D-Drucks über den Treiber „Herkunftsland" positive Einflüsse auf die Kostenelemente ausüben. Zum Beispiel verringern sich die Einfuhrzölle, wenn für den lokalen 3D-Druck digitale 3D-Daten statt physischer Güter beschafft werden. Darüber hinaus entfällt bei lokalem 3D-Druck ggf. die Notwendigkeit für Logistikkonzepte, um zollrechtliche Anforderungen an den Anteil lokal beschaffter Materialien bzw. lokal erfolgter Wertschöpfung (local content) zu erfüllen (z. B. Complete Knock Down (CKD) in der Automobilindustrie, bei dem ein nicht vollständig hergestelltes Fahrzeug in Form von Einzelteilen und Baugruppen importiert wird und erst

im Import- bzw. Absatzland zu einem fahrfähigen Fahrzeug montiert und ver-
kauft wird). Dies reduziert signifikant die Prozess- und Zollkosten. Zudem können durch lokalen 3D-Druck Handelsbarrieren umgangen werden. Beide Effekte
lassen sich ohne den alternativen Aufbau eines Werks im Absatzmarkt oder einer
lokalen Lieferantenbasis realisieren. Insgesamt verringern sich die Beschaffungskosten bei Einsatz des 3D-Drucks.
Allerdings scheint die Höhe der Kostenwirkungen branchenübergreifend stark
vom Standardisierungsgrad der Produkte abzuhängen. Als Indikator für den
Standardisierungsgrad können z. B. das Ausmaß der Verwendung gemeinsamer
Komponenten oder Rohstoffe in vielen Produkten des Portfolios (sog. Gleichteileverwendung) und der Durchdringungsgrad von Plattformkonzepten, modularer
Produktbauweise (Baukasten-Prinzip) oder Postponement dienen: Je höher der
Reife- bzw. Durchdringungsgrad der o. g. Konzepte, desto höher ist der Standardisierungsgrad der Produkte und desto geringer ist die Wirkung der Kostentreiber
auf die Beschaffungskosten beim Einsatz von 3D-Druck (Abb. 4.7).

(2.1.2) Kostenwirkungen im Produktionsprozess (Make)
Der Produktionsprozess umfasst die Aktivitäten, die für Umwandlung von Materialien oder die Erstellung von Inhalten für Dienstleistungen erforderlich sind

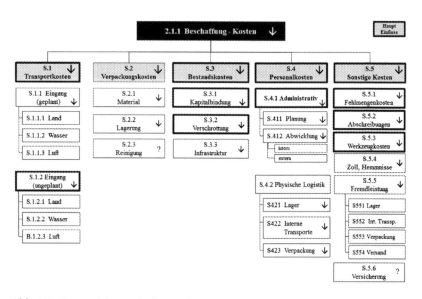

Abb. 4.7 Kostenwirkungen im Beschaffungsprozess

(auch als Fertigung oder Herstellung bezeichnet). Dabei wird das Ziel verfolgt, den Wert von Gütern durch Mischen, Trennen, Umformen, mechanisches Bearbeiten oder chemische Prozesse zu erhöhen [27]. Die Erweiterung des SCOR-Modells um spezifische Aktivitäten des 3D-Drucks führt zu den Teilprozessen (1) Produktion planen, (2) Material freigeben, (3) Vorbereitung durchführen, (4) Herstellung, (5) Nachbereitung durchführen, (6) Produkt testen, (7) Produkt verpacken, (8) Freigabe und Bereitstellung des Produktes für den Versand und (9) Abfall beseitigen (vgl. Abb. 4.8 und 4.9). Für eine einführende Darstellung der Schritte eines 3D-Drucks vgl. Tab. 2.2 in Abschn. 2.1.

Als wesentliche Prozessschritte hoben die Unternehmen der Studie die Teilprozesse (4) Herstellung, (5) Nachbereitung durchführen und (9) Abfallentsorgung hervor. Der Teilprozess **(3) Vorbereitung der Produktion** hat vor allem bei der Implementierung des 3D-Drucks eine große Kostenwirkung, wenn dreidimensionale digitale Produktdaten nicht verfügbar sind. In diesem Fall ist das Generieren des digitalen Modells über CAD-Software oder Scanning ein einmaliger Kostenfaktor. Auch bei vorhandenen digitalen 3D-Daten müssen diese für den 3D-Druck bearbeitet werden (z. B. Konvertierung in STL-Datei, Slicing und Meshing). Vorbereitende Aktivitäten im operativen Betrieb dienen z. B. der Einrichtung der räumlichen Orientierung des Objekts, der optimalen Ausnutzung des Bauraums beim parallelen Druck mehrerer Objekte oder dem Vorheizen des Druckers.

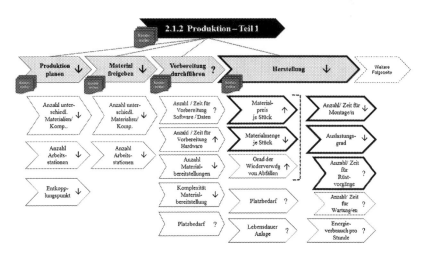

Abb. 4.8 Produktionsprozess und Kostentreiber – Teil 1

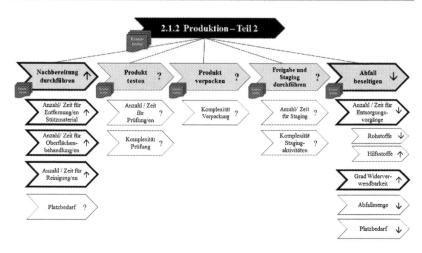

Abb. 4.9 Produktionsprozess und Kostentreiber – Teil 2

Der Teilprozess **(4) Herstellung** umfasst die Aktivitäten, die mit dem beschaffften bzw. prozessinternen Produkt durchgeführt werden, um es aus dem rohen oder halb fertigen Zustand in einen Zustand der Fertigstellung und einer höheren Wertschöpfungsstufe zu konvertieren [27]. Die befragten Unternehmen betonten die Bedeutung der folgenden Kostentreiber: Die Materialkosten pro Stück (bestimmt durch Materialpreis und Menge), die Anzahl der Montageschritte (bzw. Montagezeit pro Stück), die Anzahl der Umrüstungen (bzw. die Rüstzeit pro Produktwechsel) und die Kapazitätsauslastung der Anlage. Es sei kritisch angemerkt, dass die individuellen Rahmenbedingungen der Unternehmen (Nachfrage, Produkte etc.) der Studie nur bedingt für den 3D-Druck in anderen Unternehmen übertragbar sind. Die Kostenwirkungen der o. g. Treiber hängen stark vom Druckverfahren, den Spezifika des eingesetzten Druckers, den verwendeten Druckmaterialien und der Geometrie des Werkstücks ab. Dennoch lassen sich Erkenntnisse in Form der folgenden Tendenzaussagen aus der empirischen Studie ziehen.

Die **Anzahl der Montageschritte** sinkt (mit entsprechender Wirkung auf Fertigungszeit und Lohnkosten), da Teile, die sonst ggf. über mehrere Schritte konventionell montiert würden, beim 3D-Druck in einem Zug gedruckt werden (nicht relevant für Unternehmen der Prozessindustrie). Dies gilt insbesondere für Produkte mit komplexer Geometrie. Diese Einsparpotenziale können jedoch (über)kompensiert werden, falls beim 3D-Druck neue Prozessschritte wie Oberflächenbehandlung hinzukommen, die im Szenario ohne 3D-Druck beim externen

Lieferanten lägen. Ein Unternehmen aus der Kunststoffindustrie berichtet von erheblichen Lohnkosteneinsparungen, indem die Anzahl der Prozessschritte von zehn bei Einsatz einer CNC-Maschine auf nur drei Prozessschritte bei Nutzung eines 3D-Druckers reduziert wurde.

Beim 3D-Druck werden die **Materialkosten pro Stück** vom Preis und der eingesetzten Menge bestimmt. Da beide Kostenfaktoren stark von den Qualitätsanforderungen, dem Druckverfahren und dem gewählten Druckmaterial abhängen, lässt sich keine allgemeingültige Aussage über die Kosteneffekte ableiten. Jedoch scheint sich die benötigte Menge pro Stück für eine Vielzahl von Anwendungen zu verringern: Zum einen wird bei der additiven Fertigung nur genau die Materialmenge verwendet, die benötigt wird, um das digitale Modell Schicht für Schicht zu einem physischen Objekt aufzubauen. Dadurch ist der Materialeinsatz niedriger als bei subtraktiven Fertigungsverfahren wie z. B. Drehen oder Fräsen, die Material abtragen, um ein massives Werkstück zu formen. Zum anderen lassen beim 3D-Druck Objekte mit einer wabenartigen Innenstruktur mit Hohlräumen drucken, wodurch sich nicht nur der Materialeinsatz, sondern auch das Gewicht des Objekts senken lässt. Demgegenüber steht eine Erhöhung der Materialkosten durch den Einsatz von Hilfsstoffen für Träger- und Stützmaterialien wie Rafts, Skirts und Brims, die bei konventionellen Fertigungsverfahren nicht erforderlich sind. Zudem werden ggf. Hilfsstoffe für die Oberflächenbehandlung rauer Werkstücke mittels ätzender Lösungen oder Sandstrahlen benötigt.

Die **Kapazitätsauslastung** der Anlage bzw. die Ausbringungsmenge je Periode bestimmt über die Umlage der Fixkosten signifikant die Produktionskosten pro Stück. Der Zeitbedarf pro Stück hängt ab vom Komplexitätsgrad der Geometrie eines Objekts und der Geschwindigkeit des Druckverfahrens bzw. des eingesetzten Druckers. Sowohl die Zeit für vorbereitende Aktivitäten wie Kalibrieren, Aufheizen und nachbereitende Aktivitäten wie Reinigung als auch intervallweise Wartungstätigkeiten beeinflussen den Grad der Kapazitätsauslastung. Die relativ langsame Geschwindigkeit des 3D-Drucks im Vergleich zu konventionellen Fertigungsverfahren stellt für den Großteil der befragten Unternehmen eine große Barriere für eine breitere Nutzung in der Serienfertigung dar. Jedoch hat keines der Unternehmen mehrere Drucker parallel betrieben, um den Mangel an Geschwindigkeit eines einzelnen Druckers über Parallelisierung zu kompensieren.

Die **Rüstzeiten und -kosten** für das vorbereitende Einrichten der Anlage für die Fertigung verringern sich beim 3D-Druck signifikant, da keine produktspezifischen Werkzeuge oder Formen eingesetzt werden. Der Entfall von Werkzeugen und Formen führt ebenso zur Einsparung der Abschreibungen auf diese Aktiva. Ggf. kann eine Mehrzahl konventioneller Maschinen für verschiedene Arbeitsgänge wie z. B. Fräsen und Bohren, die für eine bestimmte Geometrie erforderlich sind, durch einen einzigen Drucker, der die gleichen Anforderungen erfüllt, substituiert werden. Demgegenüber bestehen kompensierende Kosten-effekte beim 3D-Druck, die sowohl in der Vorbereitung des Bauprozesses z. B. durch das Kalibrieren oder Vorwärmen einer Plattform als auch in der Nachberei-tung z. B. durch Entfernung des Stützmaterials auftreten und zu höheren Lohn-und Energiekosten führen.

Insbesondere der Teilprozess (5) „Nachbearbeitung durchführen" hat rele-vante Kostenwirkungen. Die Nachbearbeitung beinhaltet die Aktivitäten, die nach dem eigentlichen Bauprozess bzw. Druck der Teile durchzuführen sind, um die im Folgeschritt „Produkt testen" spezifizierten Qualitätsanforderungen zu erfül-len. Dies umfasst vor allem Aktivitäten wie das Entfernen der Stütz- und Träger-materialien (z. B. Fundament, Standzargen und Ränder (Engl. raft, skirt, brim)) und die Oberflächenbehandlung (z. B. Entgraten, Schleifen oder Grundieren). Die meisten Unternehmen der Studie verzeichneten einen erheblichen Aufwand für die Nachbearbeitung, der zudem mangels Erfahrungen unterschätzt wurde. Dies betrifft auch Wartezeiten nach dem eigentlichen Bauprozess, die durch Abkühlen oder Aushärten des Werkstücks bedingt sind. Wenn ein Teil, das vorher extern beschafft wurde, jetzt mittels 3D-Druck im Unternehmen selbst gefertigt wird (Insourcing), müssen möglicherweise neue Prozesse wie z. B. Beschichtung ein-geführt werden. Die Kosten für die Implementierung und den operativen Betrieb sind im Rahmen der Wirtschaftlichkeitsanalyse zu berücksichtigen.

Der Teilprozess (9) „Abfall beseitigen" umfasst alle Aktivitäten, die im Zusammenhang mit dem Sammeln, Verwalten und Entsorgen der Abfälle, die im Herstellungs- und Testprozess anfallen. Dies betrifft sowohl Materialabfall als auch gedruckte Teile bzw. Produkte, die den Qualitätsanforderungen nicht ent-sprechen [27]. Einerseits fällt aufgrund des additiven Charakters des 3D-Drucks, bei dem nur das für den schichtweisen Aufbau des physischen Objekts erforder-liche Material eingesetzt wird, weniger Abfall an als im Vergleich zu subtrakti-ven Fertigungsverfahren mit kontrolliertem Materialabtrag bzw. mechanischer Bearbeitung. Andererseits sind sowohl die nach dem Bauprozess nicht mehr benötigten Stützmaterialien und ggf. die chemischen Hilfsstoffe, die z. B. für die Glättung und Reinigung der Oberfläche eingesetzt werden, zu entsorgen (z. B. Aceton für ABS-Kunststoffe). Die Lagerung und Handhabung chemischer Hilfs-stoffe kann die Einrichtung eines Gefahrgutlagers erfordern, das zu zusätzlichen Lager- und Prozesskosten führt. 3D-Druckrohstoffe weisen tendenziell einen höheren Grad an Wiederverwendbarkeit der Abfälle auf als bei konventionellen Fertigungsverfahren. Auf Basis der nicht repräsentativen Stichprobe der betei-ligten Unternehmen scheint der Wiederverwertungsgrad bei 3D-Druckverfahren, die auf geschmolzenem Kunststoff wie z. B. beim Fused Deposition Modelling (FDM) basieren, im Vergleich zum 3D-Druck mit pulverförmigen Metallen z. B. mittels Selective Laser Sintering (SLS), wesentlich höher zu sein.

Insbesondere die Unternehmen der Automobil- und Elektronikindustrie betonten das Entfallen von **Sonderabschreibungen für die Verschrottung produktspezifischer Anlagegüter** wie Maschinen, Werkzeuge, Formen und Vorrichtungen. Wenn ein Produkt bzw. eine Produktfamilie das Ende des Lebenszyklus erreicht hat und aus dem Produktportfolio abgemeldet wird (end-of-life), werden die produktspezifischen Anlagegüter bei konventionellen Fertigungsverfahren vielfach verschrottet, falls keine alternative Verwendungsmöglichkeit für andere Teile bzw. Produkte besteht. Dies betrifft sowohl Anlagegüter im eigenen Werk als auch im Besitz des Lieferanten (z. B. Formen). Ein 3D-Drucker ist im Allgemeinen nicht produktspezifisch konfiguriert und erfordert keine speziellen Werkzeuge und Formen je Produktvariante. Somit entfallen die o. g. Sonderabschreibungen in einem 3D-Druck-Szenario.

Zusammenfassend lässt sich festhalten, dass die Produktionskosten bei Einsatz von 3D-Druck im Vergleich zu einem konventionellen Fertigungsverfahren sinken. Die empirischen Befunde der Studie deuten darauf hin, dass die identifizierten Kostentreiber vor allem direkte Lohneinzelkosten, Werkzeugkosten, reguläre Abschreibungen, Sonderabschreibungen für Verschrottungen und Entsorgungskosten reduzieren (vgl. Abb. 4.10).

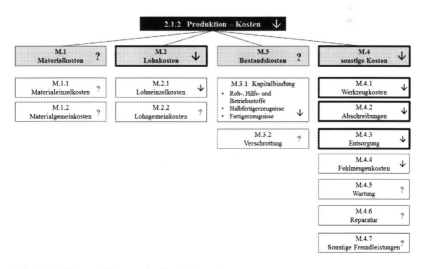

Abb. 4.10 Kostenwirkungen im Produktionsprozess

(2.1.3) Kostenwirkungen im Distributionsprozess (Deliver)
Der Distributionsprozess umfasst die Aktivitäten für die Erstellung, Betreuung und Erfüllung von Kundenaufträgen, d. h. konkret Entgegennahme, Prüfung und Erfassung der Aufträge, Disposition der Lieferungen, Kommissionierung, Verpackung und Versand der Waren und Rechnungsstellung an den Kunden [27]. Um die Wirkungen der Kostentreiber beurteilen zu können, muss das Unternehmen zunächst den Standort der 3D-Druck-Aktivitäten im Distributionsnetzwerk festlegen, z. B. in einem Werk, einem zentralen oder regionalen Distributionszentrum oder vor Ort beim Kunden (Ver- oder Gebrauchsort). Die Position im Netzwerk bestimmt maßgeblich sowohl die Stärke als auch die Richtung der Kostenwirkungen. Zudem ist zu definieren, ob das gesamte Produkt oder nur einzelne Komponenten gedruckt werden sollen.

Zum Identifizieren relevanter Kostentreiber wurde der Distributionsprozess unter Bezugnahme auf das SCOR-Modells und Ergänzungen seitens der untersuchten Unternehmen wie folgt strukturiert: **(1) Auftrag abwickeln** (mit den Aktivitäten Annahme, Erfassung und Prüfung des Auftrags; Bestandsreservierung und Bestimmung des Liefertermins; Konsolidierung der Aufträge; Erstellung der Lieferungen; Routenplanung; Auswahl des Transportunternehmens; Ermittlung Fracht), **(2) Lageraktivitäten durchführen** (Warenannahme aus Beschaffung oder Produktion; Kommissionieren und Verpacken der Ware), **(3) Transport und Übergabe durchführen** (Beladung des Transportmittels; Erstellung der Versandpapiere; Versand der Ware an den Kunden; Annahme und Prüfung der Ware durch den Kunden) und **(4) Fakturieren** (vgl. Abb. 4.11).

Die größten Kostenwirkungen haben die Unternehmen den Teilprozessen (2) „Lageraktivitäten durchführen" und (3) „Transport und Übergabe" zugeordnet. Für **(2) „Lageraktivitäten durchführen"** stellt der Lagerbestand an Endprodukten den Hauptkostentreiber dar. Dieser senkt bei nachfragesynchronen 3D-Druck „on demand" über Bestandsreduzierung die Kapital-, Handling-, Infrastruktur- und Verschrottungskosten. Bei konventionellen Fertigungsverfahren führt vielfach die Höhe der Rüstkosten zu Losgrößen, deren Stückzahl die tatsächliche Nachfrage übersteigt und so zu Beständen führt. Demgegenüber entfallen beim flexiblen 3D-Druck ohne Wechsel von Werkzeugen oder Formen diese Rüstkosten, sodass die Produktionslose genau auf die Nachfragemengen abstimmbar sind und so losgrößenbedingte Bestände vermieden werden. Je höher die Anzahl der Distributionsstufen in der Supply Chain (z. B. über Zentral- und Regionalläger), desto höher sind die potenziellen Bestandssenkungen, auch bedingt durch den Entfall der (Sicherheits-)Bestände je Stufe.

Der Teilprozess **(3) Transport und Übergabe durchführen** wurde als zweiter wesentlicher Treiber zur Reduzierung der Distributionskosten hervorgehoben.

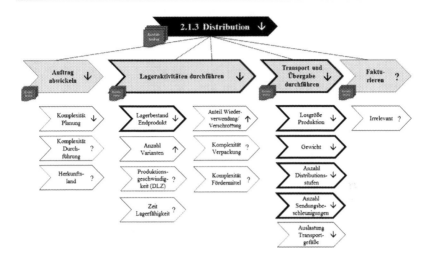

Abb. 4.11 Distributionsprozess und Kostentreiber

Erstens hängen beim Einsatz von 3D-Druck die Kapazitätsauslastung der Transportmittel bzw. die Sendungskonsolidierung weniger von den Losgrößen der Produktion und anderen vorgelagerten Aktivitäten ab. Zweitens sind weniger Eilsendungen mit hohen Frachtzuschlägen (z. B. Expresslieferung über Nacht) erforderlich, um die geforderten Liefertermine bei einem an Rüstkosten ausgerichteten, starren Produktionsprogramm einhalten zu können: 3D-Druck bietet in der Produktion eine große Flexibilität durch niedrige Rüstkosten (vgl. 2.1.2). Dies führt ebenso zu einem geringeren Anteil an Luftfracht als schnellste, aber auch teuerste Verkehrsmittelwahl. Andere Fehlmengenkosten wie z. B. entgangene Umsätze, Abwanderung von Kunden oder Vertragsstrafen sinken ebenfalls aus den o. g. Gründen. Drittens sinken die Frachtkosten aufgrund des niedrigeren Gewichts der Produkte, wenn die gedruckten Werkstücke Wabenstrukturen mit Hohlräumen statt massiver Strukturen aufweisen. Für Lebensmittelunternehmen kann 3D-Druck zudem über die Gelierung Chancen bieten, den Wasseranteil und damit das Gewicht des Produkts zu reduzieren.

Insbesondere für Unternehmen mit internationalen Supply Chains schienen Optimierungsmöglichkeiten im Hinblick auf Zölle und Handelsbarrieren ein Treiber für die Implementierung des 3D-Drucks zu sein. Die Handelsgesetze bestimmter Länder erfordern ein Mindestmaß an lokaler Wertschöpfung bzw. lokal beschaffter Materialien („local content"), um günstigere Zolltarife anwenden zu können, die Einfuhr generell zu erlauben oder ausländischen Unternehmen zu gestatten, einen Produktionsstandort zu eröffnen. 3D-Druck im Absatzmarkt vor Ort bietet die Möglichkeit, günstigere Zölle zu erzielen, indem bestimmte Komponenten lokal gedruckt werden, um den Anteil an „local content" zu erhöhen oder im Extremfall Produkte komplett im Absatzmarkt gedruckt werden. Der Betrieb einer 3D-Druck-Produktion im Absatzmarkt kann betriebswirtschaftlich günstiger sein als konkurrierende Alternativen wie z. B. der Aufbau eines Werks bzw. einer lokalen Lieferantenbasis oder die Nutzung von prozesskostenintensiven Logistikkonzepten wie Complete Knock Down (vgl. 2.1.1). Die geografische Nähe zwischen Druckort und Absatzmarkt kann sowohl die Frachtkosten als auch Lieferzeit und -risiko signifikant senken. Zudem können Handelsbarrieren, die im Herkunftsland begründet sind, umgangen werden. 3D-Drucker lassen sich ebenso in einem dezentralen, regionalen Distributionszentrum (statt in einem zentralen Werk) ansiedeln, um dadurch neben Frachtkosten insbesondere Bestandskosten für Sicherheitsbestände in einem mehrstufigen Distributionsnetzwerk zu reduzieren. Dies trifft insbesondere für Branchen mit saisonalem Ersatzteilbedarf wie z. B. Landmaschinen zu.

Der Teilprozess **(1) „Auftrag abwickeln"**, der die Planung und Abwicklung von Lieferungen auf Basis einzelner Bestellungen oder eines Rahmenvertrags umfasst [27], scheint im Hinblick auf Kostensenkungspotenziale durch 3D-Druck nur für wenige Unternehmen relevant zu sein. Ein Hebel sind geringere Koordinationskosten, bedingt durch die geringere Komplexität der Abstimmung zwischen Distribution und Produktion. Entsprechend lassen sich Personalkosten im administrativen Bereich einsparen.

Zusammenfassend lässt sich auf Basis der o. g. Ursache-Wirkungszusammenhänge festhalten, dass der Einsatz von 3D-Druck branchenübergreifend erhebliche Einsparpotenziale im Hinblick auf die Distributionskosten bietet. Allerdings ist anzumerken, dass eines der befragten Unternehmen in der Kunststoffindustrie vom 3D-Druck wieder zum konventionellen Fertigungsverfahren zurückgekehrt ist, da die Kosten für neue Vertriebskanäle und Wertschöpfungsketten die Einsparungen überkompensiert hatten (Abb. 4.12).

(2.1.4) Kostenwirkungen im Retourenprozess (Return)
Der Retourenprozess beinhaltet die Warenrücknahme von Kundenseite (vgl. Abb. 4.13). Die Teilprozesse weichen aufgrund der Prozesslandschaft der untersuchten Unternehmen vom SCOR-Modell [27] ab und umfassen (1) Retoure annehmen, (2) Reparatur durchführen, (3) Ersatzlieferung veranlassen und (4) Entsorgung durchführen, wobei es sich bei (2) bis (4) nicht um einen sequenzielle Abfolge handelt, sondern um Optionen in Abhängigkeit der Entscheidung über die Behandlung der Retoure.

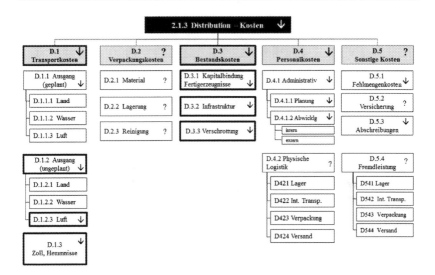

Abb. 4.12 Kostenwirkungen im Distributionsprozess

Zwei Kostentreiber fallen beim Einsatz von 3D-Druck auf. Erstens erhöht sich der Anteil der Ersatzlieferungen („swap") im Vergleich zu den Reparaturen, da die Produkte für Reparaturen schlechter zugänglich sind: Beim 3D-Druck können auch komplexe Geometrien ohne mechanische Schnittstellen wie z. B. Schraubverbindungen bei konventioneller Montage „aus einem Stück" gedruckt werden. Dadurch erhöhen sich sowohl der Aufwand für die Diagnose bzw.

Abb. 4.13 Retourenprozess und Kostentreiber

Entscheidungsfindung zwischen Reparatur versus Ersatzlieferung als auch der Aufwand für die Demontage des Produkts im Falle einer Reparatur. Zweitens ist der Grad der Sortenreinheit für die Abfallentsorgung niedriger – insbesondere für hybride Drucke, bei denen heterogene Materialien fest miteinander verschmolzen sind. Beide o. g. Treiber können einen Kostenanstieg zur Folge haben, der allerdings bei den Unternehmen der Studie nicht zu signifikanten Effekten geführt hat. Die Erfahrungswerte der Unternehmen waren jedoch begrenzt.

(2.2) Wirkungen auf Aktiva in der Bilanz
Der Geschäftswertbeitrag (EVA) ist die Differenz zwischen dem Geschäftsergebnis nach Steuern (NOPAT) und den Kapitalkosten, welche wiederum vom gesamten investierten Kapital und dem gewichteten durchschnittlichen Kapitalkostensatz (WACC) abhängen. Das investierte Kapital ist die Summe des Nettovermögens abzüglich der Abschreibungen (letztere werden im Rahmen der Wirtschaftlichkeitsanalyse unter „Kosten" erfasst). Die Vermögenswerte umfassen sowohl das Umlaufvermögen als auch das Anlagevermögen. Durch das Supply Chain Management beeinflussbar sind z. B. Lagerbestände, Maschinen und Infrastruktur [17]. Je niedriger das im Vermögen gebundene Kapital ist, desto geringer sind die Kapitalkosten. Analog zum Bereich (2.1) Kosten sind die Wirkungen auf die Aktiva in den Prozessbereichen Beschaffung, Produktion, Distribution und Retouren zu untersuchen, jeweils getrennt nach Umlauf- und Anlagevermögen.

3D-Druck steigert den Geschäftswert, wenn die aus der Investition resultierenden Kapitalerträge des Unternehmens größer sind als die mit 3D-Druck assoziierten Kosten des Kapitals. Die Wirkungen auf das Umlaufvermögen wie z. B. Bestände haben die vorherigen Kapitel aufgezeigt. Das Anlagevermögen wird vor allem durch die Investition in den 3D-Drucker selbst, zugehörige Software und ggf. erforderliche Prüfeinrichtungen erhöht.

(2.3) Umsatzwirkungen
Zum einen erhöht 3D-Druck das Umsatzvolumen durch Steigern der Wettbewerbsfähigkeit in Bezug auf die Logistikleistung, die durch Lieferzuverlässigkeit, Lieferzeit und Flexibilität bestimmt wird (vgl. Phase 1 in Abschn 4.2). Der Service-Level der Logistik ist höher aufgrund der höheren Verfügbarkeit der Produkte (nachfragesynchrone Fertigung kleiner Lose bzw. Losgröße 1), höherer Flexibilität in der Produktionsprogrammplanung und tendenziell geringeren Durchlaufzeiten.

Zum anderen kann der Umfang des Produktportfolios erweitert werden.
3D-Druck ermöglicht Unternehmen – analog zum Konzept der **kundenindivi-**
duellen Massenproduktion ("mass customizing") – maßgeschneiderte Produkte in kleinen Mengen nach individuellen Kundenanforderungen profitabel
herzustellen [2]. OEMs können 3D-Druck einsetzen, um Produkte mit dem gleichen „Innenleben" für unterschiedliche Kunden über verschiedene Gehäuse oder
kundenspezifische 3D-Aufdrucke (z. B. der Marke) zu differenzieren. Viele fer-
tigungsbedingte Design-Einschränkungen gelten nicht für 3D-Druck: Fast alle
Formen können gedruckt werden. Dies ermöglicht den Entwicklern bzw. Desig-
nern eine größere Gestaltungsfreiheit. Gleichzeitig bestehen Potenziale zur Ver-
besserung der Produkteigenschaften, wenn geometrische Einschränkungen bei
konventionellen Fertigungsverfahren nicht mehr bestehen [5, 81]. Dadurch erhöht
sich die Vielfalt des Produktportfolios sowohl in Breite als auch Tiefe. Die Komplexität der Geometrie des Produkts bedingt keine Komplexität und Kosten für
Werkzeuge und Fertigungsschritte [10]. Selbst kleine Kundensegmente mit maßgeschneiderten Produkten, die sonst bei herkömmlichen Herstellungsmethoden
aufgrund der Rüst- und Werkzeugkosten vernachlässigt würden, werden wirtschaftlich interessant.

Die Erkenntnisse der Studie legen nahe, dass die Stückkosten des Produkts
und somit der kalkulierte Preis hauptsächlich über den Material- und Arbeits-
einsatz bestimmt werden. Generalisierbare Erkenntnisse in Bezug auf die Preis-
bildung ließen sich nicht ableiten, da die Treiber sich je nach Druckverfahren,
Druckmaterialien und Branchenzugehörigkeit stark unterscheiden. Allerdings
lassen sich im internationalen Vertrieb die Zölle (und damit auch Preise) reduzieren, indem der Anteil lokaler Wertschöpfung („local content") erhöht wird, ohne
dass dafür ein Werk in der Absatzregion zu errichten ist. Darüber hinaus können
andere Handelsbarrieren, die im Herkunftsland begründet liegen, beseitigt werden. Dies ermöglicht die Erschließung neuer Absatzmärkte. Abgesehen von der
Wirkung auf Zoll-Tarife und Exportkontrolle hat das Herkunftsland auch einen
Marketing-Effekt, in dem das Image des Landes in der Wahrnehmung der Kunden auf die Qualität des Produkts transferiert wird [82].

Zwei der untersuchten Unternehmen aus der Automobil- und Elektronikindustrie unterstrichen die Attraktivität des 3D-Drucks im Hinblick auf die Rückverfolgbarkeit der Produkte. Mittels 3D-Druck können Seriennummern oder
versteckte Merkmale in die Originalkomponenten integriert werden, um diese von
Nachahmungen unterschieden zu können. Hersteller und Kunden können sich so

vor Fälschungen schützen. Die Authentizität der Komponenten und Ersatzteile ist nicht nur relevant für die Abwicklung von Gewährleistungsansprüchen, sondern insbesondere für den Vertrieb an sicherheitssensible Kunden wie z. B. Kraftwerksbetreiber, die hohe Anforderungen an die Rückverfolgbarkeit der Supply Chain haben.

Vor allem das gewählte Druckverfahren und die eingesetzten Druckrohstoffe determinieren die Qualität der gedruckten Produkte. Ebenso ist zwischen Produktqualität und Druckgeschwindigkeit bzw. -kosten abzuwägen, die alle von der Anzahl der Schichten bestimmt werden. Einerseits steigt die Qualität mit der Anzahl der Schichten, besonders in Bezug auf mechanische Eigenschaften und die Oberflächenbeschaffenheit. Andererseits resultiert eine hohe Anzahl an Schichten in eine Verlangsamung des Druckvorgangs und eine Erhöhung des Materialeinsatzes. Beides verursacht höhere Kosten, die bei der Kalkulation des Verkaufspreises zu berücksichtigen sind.

Zusammengefasst scheint der Einsatz des 3D-Drucks positive Wirkungen auf die Umsatzentwicklung zu haben – vorausgesetzt, die Qualität erfüllt die Kundenanforderungen (vgl. Phase 1 bzw. Abschn. 4.2) und der Verkaufspreis wird nicht durch höhere Stückkosten erhöht (Abb. 4.14).

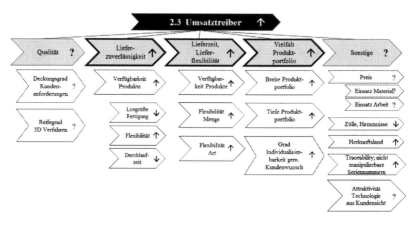

Abb. 4.14 Umsatztreiber

4.4 Zusammenfassung und Kritik zur Wirtschaftlichkeitsanalyse

Der vorgestellte Ansatz zur Wirtschaftlichkeitsanalyse schafft einen Rahmen, um den Beitrag einer Investition in 3D-Druck für die Steigerung des Unternehmenswerts aufzuzeigen. Dies schließt eine Lücke bestehender wertbasierter Konzepte im Supply Chain Management, die keine hinreichend differenzierten Antworten für diese Fragestellung bieten.

Die Transparenz über die Ursache-Wirkungsbeziehungen ermöglicht die Bewertung einer Investition in 3D-Druck, indem systematisch die Werttreiber und deren Wirkungen auf die Kosten und Umsätze analysiert werden. Der Ansatz auf Basis des Geschäftswertbeitrags (EVA) betrachtet nicht nur die Produktion, sondern ebenso die Wirkungen in den weiteren Prozessbereichen der Supply Chain: Beschaffung, Distribution und Retouren. In zwei Phasen wird die Investitionsentscheidung in der Praxis unterstützt. Die Systematik des Modells ist sowohl für die Entscheidungsfindung zwischen 3D-Druck und einem konventionellen Fertigungsverfahren als auch für die Entscheidung zwischen internem 3D-Druck und externer Beschaffung geeignet. Die Orientierung am Geschäftswertbeitrag bietet einen konsistenten Rahmen für die wertorientierte Unternehmensführung. Zudem lässt sich das Modell für die Optimierung der Investition über den Lebenszyklus nutzen, wenn Werttreiber im operativen Controlling berücksichtigt werden, um den Einfluss des 3D-Drucks auf den Unternehmenswert periodisch zu messen.

Allerdings weist die Methodik Einschränkungen auf. Bevor die Wirtschaftlichkeit analysiert werden kann, ist die Entscheidung über die zu druckenden Teile bzw. Produkte, Druckverfahren und -rohstoffe zu treffen. Das Modell bzw. die einzelnen Treiber sind vor dem Hintergrund der jeweiligen Branche und der unternehmensspezifischen Produkte zu interpretieren. Die Wirkungen des 3D-Drucks wurden nur in Form von Tendenzaussagen formuliert und nicht monetär bewertet. Dies ist aufgrund der o. g. Gründe nur für den unternehmens- und produktspezifischen Einzelfall möglich.

Verschiedene Weiterentwicklungen der Methodik bieten sich an: Lücken in der Methodik lassen sich schließen, neue Methoden und Konzepte können ergänzt werden. Für die konkrete Anwendung im Unternehmen kann der Fokus auf einen Bereich des Modells (z. B. Beschaffung) gelegt und dort über weitere Treiber vertieft bzw. detailliert werden. Denkbare Differenzierungen des Modells bieten Druckverfahren, Druckrohstoffe oder branchenspezifische Anforderungen. Andere Zielbereiche als die bisher berücksichtigten können integriert werden, z. B. ökologische Aspekte oder Informationskosten. Zudem ist das Modell um Prozessvarianten wie prognosebasierte Produktion für den anonymen Markt (make-to-stock), auftragsbezogene Produktion (make-to-order) und auftragsspezifische Entwicklungen für die Produktion (engineer-to-order) zu erweitern.

Zusammenfassung und Ausblick 5

Die vorgestellte Methodik zu Entscheidungsunterstützung für die Investition in 3D-Druck schafft Transparenz über die Werttreiber und Kosten- und Umsatzwirkungen des 3D-Drucks nicht nur in der Produktion, sondern entlang der gesamten Supply Chain. Dabei wurden Ursache-Wirkungszusammenhänge sowohl in der Planung als auch in der Ausführung der Prozesse beleuchtet. Neben praxisrelevanten Hinweisen für die Auswahl geeigneter Teile bzw. Produkte für den Einsatz von 3D-Druck in der Fertigung wurden mittels der Verfahrensauswahl-Matrix (VAM) qualitative Kriterien für die Auswahl eines zu unternehmens- bzw. produktspezifischen Anforderungen passenden Druckverfahrens vorgestellt. Die Struktur für die Wirtschaftlichkeitsanalyse bzw. Investitionsrechnung auf Basis des Geschäftswertbeitrags bietet solide betriebswirtschaftliche Entscheidungsunterstützung für die Frage, ob ein Unternehmen in 3D-Druck investieren sollte: Rechnet sich die Ablösung eines konventionellen Fertigungsverfahrens durch einen 3D-Drucker bzw. der Wechsel zu einem 3D-Druckdienstleister über den Produktlebenszyklus?

3D-Druck hat zwar das Potenzial zu einer industriellen Revolution – es ist jedoch eine schnelle Evolution [12]. Zwar treibt die steigende Qualität der Druck-Erzeugnisse gepaart mit einem Preisverfall die Marktdurchdringung in vielen Branchen rasant voran, jedoch müssen für einen breiten Einsatz in der Serienfertigung vor allem die Druckgeschwindigkeit steigen, Qualitätsprobleme überwunden und Standards geschaffen werden.

Ein Ausblick: Einsatzmöglichkeiten bieten sich vor allem bei Produkten, die ohne 3D-Druck entweder formbedingt gar nicht oder nur unwirtschaftlich hergestellt werden können. Die stärksten Treiber für den Einsatz von 3D Druck in der Serienfertigung sind weiterhin Leichtbau und Funktionsintegration. Die Technologie entwickelt sich rasant weiter, sodass sich einige der genannten Grenzen

© Springer Fachmedien Wiesbaden 2016   55
C. Feldmann und A. Pumpe, *3D-Druck – Verfahrensauswahl und
Wirtschaftlichkeit,* essentials, DOI 10.1007/978-3-658-15196-6_5

auflösen werden. Skaleneffekte werden Preise für Drucker und Rohstoffe weiter senken. Ein höherer Automatisierungsgrad wird zu kürzeren Fertigungszeiten führen, sodass sich die Investition früher amortisiert. Nachbereitungsaufwand wird minimiert, z. B. durch lösliches Stützmaterial. Die Materialvielfalt steigt weiter und Materialien werden hinsichtlich mechanischer und optischer Eigenschaften optimiert. Die Auflösung wird sich erhöhen. Bauräume werden vergrößert, sodass größere Objekte bzw. mehrere gleichzeitig gedruckt werden können. Neue Geschäftsmodelle entwickeln sich, z. B. bieten Logistikdienstleister neue Dienstleistungen wie 3D-Scanning und 3D-Druck an. Fraglich ist, ob die Politik schnell genug Antworten auf Fragen wie den Schutz geistigen Eigentums, Zollrecht und Exportkontrolle, Bildung sowie den Schutz traditioneller Industrien und Arbeitsplätze findet. Die globalen volkswirtschaftlichen Auswirkungen eines Reshorings, wenn Fertigung aus sog. Billiglohnländern auf breiter Basis zurück in die westlichen Absatzmärkte verlagert wird, wären unabsehbar.

Was Sie aus diesem *essential* mitnehmen können

- Praxisrelevante Hinweise für die Auswahl geeigneter Teile bzw. Produkte für die Fertigung mit 3D-Druck.
- Handfeste qualitative Kriterien für die Auswahl eines zu Ihren Anforderungen passenden Druckverfahrens.
- Transparenz über Werttreiber, Kosten- und Umsatzwirkungen des 3D-Drucks nicht nur in der Produktion, sondern entlang der gesamten Supply Chain, welche ebenso die Beschaffungs- und Distributionslogistik sowie die Retourenabwicklung umfasst.
- Solide betriebswirtschaftliche Entscheidungsunterstützung für die Frage, ob Ihr Unternehmen in 3D-Druck investieren sollte: Rechnet sich die Ablösung eines konventionellen Fertigungsverfahrens durch einen 3D-Drucker bzw. der Wechsel zu einem 3D-Druckdienstleister über den Produktlebenszyklus?
- Eine erprobte Struktur für eine detaillierte Wirtschaftlichkeitsanalyse bzw. Investitionsrechnung auf Basis des Geschäftswertbeitrags (Economic Value Added, EVA).

© Springer Fachmedien Wiesbaden 2016   57
C. Feldmann und A. Pumpe, *3D-Druck – Verfahrensauswahl und
Wirtschaftlichkeit*, essentials, DOI 10.1007/978-3-658-15196-6

Literatur

1. Lindemann, C., Jahnke, U., Moi, M., Koch, R.: Analyzing product lifecycle costs for a better understanding of cost drivers in additive manufacturing. In: 23rd Annual International Solid Freeform Fabrication Symposium – An Additive Manufacturing Conference, Austin (2012)
2. Berman, B.: 3-D printing: the new industrial revolution. Bus. Horiz. **55**, 155–162 (2012)
3. Hammond, T.: Research: 60 percent of enterprises are using or evaluating 3D printing (2014)
4. Gausemeier, J.: Direct manufacturing – innovative Fertigungsverfahren für die Produkte von morgen. In: 7. Symposium für Vorausschau und Technologieplanung (2011)
5. Gebhardt, A.: Generative Fertigungsverfahren, 3. Aufl. Hanser, München (2007)
6. Fastermann, P.: 3D-Drucken. Springer, Berlin (2014)
7. Zäh, M.F.: Wirtschaftliche Fertigung mit Rapid-Technologien. Hanser, München (2006)
8. Evans, R., Danks, A.: Strategic supply chain management – creating shareholder value by aligning supply chain strategy with business strategy. In: Gattorna, J. (Hrsg.) Strategic Supply Chain Alignment – Best Practice in Supply Chain Management, S. 18–38. Gower, Hampshire (1998)
9. Echterhoff, N., Kokoschka, M., Wall, M., Gausemeier, J.: Thinking ahead the Future of Additive Manufacturing – Analysis of Promising Industries. DMRC, Paderborn (2012)
10. Hopkinson, N., Hague, R.J.M., Dickens, P.M.: Rapid Manufacturing. Wiley, Chichester (2005)
11. Petrovic, V., Gonzalez, J.V.H., Ferrando, O.J., Gordillo, J.D., Puchades, J.R.B.P., Grinan, L.P.: Additive layered manufacturing: sectors of industrial application shown through case studies. Int. J. Prod. Res. **49**, 1061–1079 (2011)
12. Feldmann, C.: 3D-Druck: Wo bleibt die Revolution? In: Frankfurter Allgemeine Zeitung – Verlagsspezial: IT-Trends 2016, Heft 15.12.2015, S. 2 (2015)
13. Feldmann, C., Pumpe, A.: A holistic decision framework for 3D printing investments in global supply chains. In: Proceedings World Conference on Transport Research (WCTR), Shanghai, China (2016)

© Springer Fachmedien Wiesbaden 2016   59
C. Feldmann und A. Pumpe, *3D-Druck – Verfahrensauswahl und Wirtschaftlichkeit*, essentials, DOI 10.1007/978-3-658-15196-6

14. Bechtel, C., Jayaram, J.: Supply chain management: a strategic perspective. Int. J. Logist. Manage. **8**, 15–34 (1997)
15. Göpfert, I.: Logistik, 2. Aufl. Vahlen, München (2005)
16. Chopra, S., Meindl, P.: Supply Chain Management, 5. Aufl. Pearson, Boston (2013)
17. Schnetzler, M.J., Sennheiser, A., Schonsleben, P.: A decomposition-based approach for the development of a supply chain strategy. Int. J. Prod. Econ. **105**, 21–42 (2006)
18. Schönsleben, P.: Integr. logist. manage., 2. Aufl. St. Lucie Press, Boca Raton (2004)
19. Copeland, T., Koller, T., Murrin, J.: Valuation, 3. Aufl. Wiley, New York (2000)
20. Young, S.D., O'Byrne, S.F.: EVA and Value-Based Management. McGraw Hill, New York (2001)
21. Rappaport, A.: Creating Shareholder Value. Free Press, New York (1998)
22. Ehrbar, A.: EVA. Wiley, New York (1998)
23. Stewart, G.B.: The Quest for Value. HarperBusiness, New York (1991)
24. Christopher, M., Ryals, L.: Supply chain strategy: its impact on shareholder value. Int. J. Logist. Manage. **10**, 1–10 (1999)
25. Lambert, D.M., Burduroglu, R.: Measuring and selling the value of logistics. Int. J. Logist. Manage. **11**, 1–17 (2000)
26. Vom Brocke, J., Simons, A., Niehaves, B., Riemer, K., Plattfaut, R., Cleven, A.: Reconstructing the giant: on the importance of rigour in documenting the literature search process. In: 17th European Conference on Information Systems, Verona (2009)
27. Supply-Chain Council Inc. (Hrsg.): Supply Chain Operations Reference Model (SCOR), 11. Aufl. (2012). Zugegriffen: 19. Dez. 2013
28. Bak, D.: Rapid prototyping or rapid production? Assem. Autom. **23**, 340–345 (2003)
29. Beyer, C.: Strategic implications of current trends in additive manufacturing. J. Manuf. Sci. Eng. **136**, 64701 (2014)
30. Birtchnell, T., Urry, J., Cook, C., Curry, A.: Freight miles: the impact of 3D printing on transport and society (2013)
31. Christopher, M., Ryals, L.: The supply chain becomes the demand chain. J. Bus. Logist. **35**, 29–35 (2014)
32. Cooke, J.A.: Protean Supply Chains. Wiley, Hoboken (2014)
33. Cozmei, C., Caloian, F.: Additive manufacturing flickering at the beginning of existence. Procedia Econ. Finan. **3**, 457–462 (2012)
34. D'Aveni, R.: The 3-D printing revolution. Harvard Bus. Rev. **93**, 40–48 (2015)
35. Eyers, D.R., Potter, A.T.: E-commerce channels for additive manufacturing: an exploratory study. J. Manuf. Technol. Manage. **26**, 390–411 (2015)
36. Frazier, W.E.: Metal additive manufacturing: a review. J. Mater. Eng. Perform. **23**, 1917–1928 (2014)
37. Gao, W., Zhang, Y., Ramanujan, D., Ramani, K., Chen, Y., Williams, C.B.: The status, challenges, and future of additive manufacturing in engineering. Computer-Aided Design (2015, Accepted manuscript)
38. Gebler, M., Schoot Uiterkamp, A.J.M., Visser, C.: A global sustainability perspective on 3D printing technologies. Eng. Policy **74**, 158–167 (2014)
39. Giurco, D., Littleboy, A., Boyle, T., Fyfe, J., White, S.: Circular Economy. Resources **3**, 432–453 (2014)

40. Holmström, J., Partanen, J., Tuomi, J., Walter, M.: Rapid manufacturing in the spare parts supply chain. J. Manuf. Technol. Manage. **21**, 687–697 (2010)
41. Holmström, J., Partanen, J.: Digital manufacturing-driven transformations of service supply chains for complex products. Supply Chain Manage. Int. J. **19**, 421–430 (2014)
42. Huang, S.H., Liu, P., Mokasdar, A., Hou, L.: Additive manufacturing and its societal impact. Int. J. Adv. Manuf. Technol. **67**, 1191–1203 (2013)
43. Khajavi, S.H., Partanen, J., Holmström, J.: Additive manufacturing in the spare parts supply chain. Comput. Ind. **65**, 50–63 (2014)
44. Kianiana, B., Tavassolib, S., Larssona, T.C.: The role of additive manufacturing technology in job creation: an exploratory case study of suppliers of additive manufacturing in Sweden. Procedia CIRP **26**, 93–98 (2015)
45. Kietzmann, J., Pitt, L., Berthon, P.: Disruptions, decisions, and destinations: enter the age of 3-D printing and additive manufacturing. Bus. Horiz. **58**, 209–215 (2015)
46. Liu, P., Huang, S.H., Mokasdar, A., Zhou, H., Hou, L.: The impact of additive manufacturing in the aircraft spare parts supply chain: supply chain operation reference (SCOR) model based analysis. Prod. Plan. Control **25**, 1169–1181 (2013)
47. Nyman, H., Sarlin, P.: From bits to atoms: 3D Printing in the context of supply chain strategies. In: 47th Hawaii International Conference on System Science, Waikoloa, HI (2014)
48. Petrick, I., Simpson, T.: 3D Printing disrupts manufacturing. Res. Manage. Technol. **56**(6), 12–16 (2013)
49. Rasmus, R., Webb, S., Short, M.: 3D printing's disruptive potential. Accenture technologies, S. 1–12 (2014)
50. Reeves, P.: Additive manufacturing – a supply chain wide response to economic uncertainty and environmental sustainability. Econolyst Limited, Bolton (2008)
51. Reeves, P.: How rapid manufacturing could transform supply chains. Supply Chain Q. **2**(4), 32–336 (2008)
52. Ruffo, M., Tuck, C., Hague, R.: Make or buy analysis for rapid manufacturing. Rap. Prototyp. J. **13**, 23–29 (2007)
53. Tavassoli, S., Kianian, B., Larsson, T. C.: Manufacturing renaissance: return of manufacturing to western countries. CITR Electronic Working Paper Series (2013)
54. Tempelman, E., van Eyben, B.N., Shercliff, H.: Manufacturing and design. Butterworth-Heinemann, Amsterdam (2014)
55. Thymianidis, M., Achillas, C., Tzetzis, D., Iakovou, E.: Modern additive manufacturing technologies – an up-to-date synthethis and impact on supply chain design. In: 2nd International Conference on Supply Chains, Katerini, Greece (2012)
56. Tuck, C., Hague, R., Burns, N.: Rapid manufacturing: impact on supply chain methodologies and practice. Int. J. Serv. Oper. Manage. **3**, 1–22 (2007)
57. Tuck, C., Hague, R.: The pivotal role of rapid manufacturing in the production of cost-effective customised products. Int. J. Mass Customisation **1**, 360–373 (2006)
58. Waller, M., Fawcett, S.E.: Click here to print a maker movement supply chain: how invention and entrepreneurship will disrupt supply chain design. J. Bus. Logist. **35**, 99–102 (2014)
59. Walter, M., Holmström, J., Yrjölä, H.: Rapid manufacturing and its impact on supply chain management. In: Logistics Research Network Annual Conference, Dublin (2004)

60. White, G., Lynskey, D.: Economic Analysis of Additive Manufacturing for Final Products - An Industrial Approach. University of Pittsburgh, mimeo (2013)
61. Mohr, S., Khan, O.: 3D printing and supply chains of the future. In: Kersten, W., Blecker, T., Ringle, C.M. (Hrsg.) Innovations and Strategies for Logistics and Supply Chains Technologies, Business Models and Risk Management, S. 146–174. epubli GmbH, Berlin (2015)
62. Myers, M.D.: Qualitative Research in Business & Management, 2. Aufl. Sage, London (2013)
63. Lewin, K.: Frontiers in group dynamics. II. Channels of group life; social planning and action research. Hum. Relat. 1, 143–153 (1947)
64. Ferdows, K., Meyer, A.: Lasting improvements in the manufacturing performance – In search of a new theory. J. Oper. Manage. 9, 168–184 (1990)
65. Filippini, R., Forza, C., Vinelli, A.: Trade-off and compatibility between performance indicators: definitions and empirical evidence. Int. J. Prod. Res. 36, 3379–3406 (1998)
66. Duda, J. W.: A Decomposition-Based Approach to Linking Strategy, Performance Measurement, and Manufacturing System Design. Ph.D. Thesis, Cambridge (2000)
67. Cochran, D.S., Arinez, J.F., Duda, J.W., Linck, J.: A decomposition approach for manufacturing systems design. J. Manuf. Syst. 20, 371–389 (2001)
68. Robinson, C.J., Malhotra, M.K.: Defining the concept of supply chain quality management and its relevance to academic and industrial practice. Int. J. Prod. Econ. 96, 315–337 (2005)
69. Stewart, J.C., Seiberling, D.A.: Clean in place. Chem. Eng. 103, 72 (1996)
70. Nyhuis, P., Wiendahl, H.-P.: Logistische Kennlinien: Grundlagen, Werkzeuge und Anwendungen, 2. Aufl. Springer, Berlin (2003)
71. Modesti, P.: EVA methods and NPV decomposition: some comparative remarks. Math. Methods Econ. Finance 2, 55–57 (2007)
72. de Boer, L., Labro, E., Morlacchi, P.: A review of methods supporting supplier selection. Eur. J. Purchasing Supply Manage. 7, 75–89 (2001)
73. Ellram, L.M.: Total cost of ownership. An analysis approach for purchasing. Int. J. Phys. Distrib. Logist. 25, 4–23 (1995)
74. Ferrin, B.G., Plank, R.E.: Total cost of ownership models: an exploratory study. J. Supply Chain Manage. 38, 18–29 (2002)
75. Degraeve, Z., Labro, E., Roodhooft, F.: Constructing a total cost of ownership supplier selection methodology based on activity-based costing and mathematical programming. Account. Bus. Res. 35, 3–27 (2005)
76. Wouters, M., Anderson, J.C., Wynstra, F.: The adoption of total cost of ownership for sourcing decisions – a structural equations analysis. Account. Organ. Soc. 30, 167–191 (2005)
77. Trent, R.J., Roberts, L.R.: Managing Global Supply and Risk. J. Ross Pub, Fort Lauderdale (2010)
78. Lee, H.L., Padmanabhan, V., Whang, S.: The bullwhip effect in supply chains. Sloan Manage. Rev. 38, 93–102 (1997)
79. Porter, M.E.: Competitive advantage. Free Press, New York (1998)
80. Feldmann C., Pumpe A.: Investments in 3D printing: Decision support from a financial supply chain perspective with focus on inbound and outbound logistics. In: Proceedings IPSERA (International Purchasing and Supply Education and Research Association), Dortmund, Deutschland (2016)

81. Bourell David, L., Rosen David, W., Leu Ming, C.: The roadmap for additive manufacturing and its impact. 3D Print. Addit. Manuf. **1**, 6–9 (2014)

82. Friederes, G.: Country-of-Origin-Strategien in der Markenführung. In: Strebinger, A., Mayerhofer, W., Kurz, H. (Hrsg.) Werbe- und Markenforschung, S. 109–132. Gabler, Wiesbaden (2006)

Printed in the United States
By Bookmasters